최신
개정

다락원
중국어
마스터

박정구·백은희 공저

STEP

다락원

들어가는 말

여러분은 어떤 이유로 중국어를 배우게 되었나요? 여러분이 중국어를 배우는 동기는 다양하겠지만, 하나의 공통된 목표를 가지고 있을 것입니다. 중국어를 재미있고 효과적으로 잘 배우고 싶다는 것.

중국어가 기타 외국어와 다른 독특한 특징은 중국어를 배우는 데 있어서 핵심적 요소이며, 가장 흥미 있는 부분입니다. 예를 들어 볼까요? 중국어는 운율 언어입니다. 성조(음의 높낮이)를 갖고 있고 강약과 템포가 살아 있는 언어라는 말입니다. 이 운율이 있는 언어를 배우는 과정은 학습자에게 큰 즐거움을 느끼게 합니다. 또한, 중국어 문장은 매우 간결합니다. 한두 개의 한자가 하나의 단어를 이루고, 문법 특징이 간결하며 시제·일치·성(性)·수(數) 등과 같은 복잡한 표현이 없습니다. 따라서 학습에 있어서도 간결하고 핵심적인 이해만을 요구합니다.

이제까지 한국 학생들이 많이 찾은 중국어 책은 중국에서 출판되고 한국에서 번역된 것이 대부분입니다. 그 책들은 대부분 중국인의 시각에서 쓰여졌기 때문에 한국 학생들의 가려운 부분을 시원하게 긁어 주지 못하는 면이 많습니다. 본 서는 한국인의 입장에서 효율적이고 흥미롭게 중국어를 배울 수 있는 구성과 체제를 갖추고, 의사소통 능력 습득이라는 외국어 학습의 목표를 최대한 실현하려 노력했습니다. 리듬감 있는 중국어의 운율을 살리는 낭독 연습과 중요한 사항을 명확하게 알려주는 팁, 간결하고 명쾌한 문법 설명 등을 적소에 배치하였고, 스토리의 구성과 내용에서도 흥미를 줄 수 있고 생동감 있는 필수 회화 표현을 넣었습니다. 또한 워크북을 따로 두어 예습과 복습을 통해 언어능력을 확고히 다질 수 있도록 했습니다.

처음 본 서 제1판이 출판된 이후 지금까지 10년 가까운 시간이 흘렀습니다. 10년이면 강산이 변한다고 했듯이 그동안 한국과 중국은 사람들의 의식뿐만 아니라, 사회·문화·경제적으로 많은 변화를 겪었습니다. 이러한 변화는 언어의 내용과 형식에 반영되기 마련이므로, 이를 최대한 반영하고 구성과 내용을 새롭게 단장하여 개정판을 출판합니다. 앞으로 본 서와 함께하는 여러분의 중국어 학습 여정이 항상 즐겁고 유쾌하길 바라고, 그 과정에서 여러분의 중국어도 끊임없는 발전이 있길 기대합니다.

박정구 백은희

이 책의 구성과 활용법

본책

단어 시작이 반이다

각 과의 새 단어를 빠짐 없이 순서대로 제시하여, 회화를 배우기 전에 더욱 효과적으로 단어를 학습할 수 있도록 했습니다.

문장 리듬을 만나다

중국어는 강약과 템포가 살아 있는 운율 언어입니다.

'문장, 리듬을 만나다'에서는 각 과의 주요 문장을 챈트(chant) 형식으로 배우며 중국어의 운율을 살려 리듬감 있게 낭독할 수 있도록 했습니다. 각 문장의 구조에 따라 강조하여 읽는 부분과 끊어 읽는 부분을 표시하였습니다. 또한 단어에서 문장으로 확장해 가며 연습하도록 되어 있어 자연스럽게 반복 연습하며 문장 구조를 익힐 수 있습니다.

회화 내 입에서 춤추다

자연스러운 베이징식 구어 표현과 실용 회화를 배울 수 있는 핵심 본문입니다. 본문 내용이 연상되는 삽화와 함께 학습할 수 있도록 하였고 본문 하단의 '아하! 그렇구나'에는 난해한 표현들을 쉽게 이해할 수 있도록 주석을 제시했습니다.

어법 회화에 날개를 달다

기초 회화에서 다루어야 할 어법 사항들을 간결한 설명, 풍부한 예문과 함께 제시하여 학습자들이 쉽게 이해할 수 있도록 했습니다. 또한 배운 어법 내용을 바로 습득할 수 있는 확인 문제들이 제시되어 있습니다.

표현 가지를 치다

각 과의 핵심이 되는 주요 문장으로 교체 연습을 할 수 있는 코너입니다. 줄기에서 여러 개의 가지가 자라듯 기본 문장과 교체 단어를 이용해 여러 표현으로 말하는 연습을 할 수 있습니다.

연습 실력이 늘다

각 과에서 배운 핵심 표현을 이해하고 연습할 수 있는 듣기·말하기·읽기·쓰기의 다양한 문제들이 제시되어 있습니다. 그중에서도 특히 듣기와 말하기 기능을 집중적으로 훈련할 수 있도록 했습니다.

중국 그리고 중국 문화

각 과의 학습 주제와 관련된 중국의 상황이나 문화 이야기가 생생한 사진과 함께 제시되어 있습니다.

워크북

예습하기

수업에 들어가기 앞서 본문에서 나오는 단어를 써 보며 예습하는 코너입니다. 간체자인 글자는 번체자를 함께 제시하여 한자가 어떻게 간화(简化)되었는지도 파악할 수 있고, 여러 번 쓰는 연습 과정을 통해 쉽게 단어를 암기할 수 있습니다.

연습하기

듣기와 쓰기 연습을 한번에 할 수 있는 코너입니다. 녹음을 듣고 성조 체크, 문장 받아쓰기를 하며 자연스럽게 듣기 능력을 향상시키고 문장을 반복 연습할 수 있습니다.

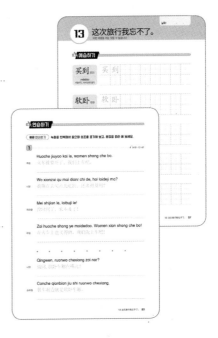

복습하기

어법 압축 파일

본책에서 배웠던 어법 내용을 스스로 정리하고 간단한 어법 확인 문제로 완벽하게 기본 어법을 다질 수 있습니다.

확인!! 쪽지 시험

쪽지 시험을 통해 단어·듣기·어법·독해·작문 실력을 골고루 향상시킬 수 있습니다.

* 워크북의 정답 및 녹음 대본은 다락원 홈페이지(www.darakwon.co.kr)의 '학습자료 ▶ 중국어'에서 다운로드할 수 있습니다.

MP3 다운로드

* 녹음 해당 부분에 MP3 트랙 번호가 기재되어 있습니다.
  본책 🎧 05-03 **워크북** 🎧 W-05-03

* 교재의 MP3 음원은 '다락원 홈페이지(www.darakwon.co.kr)'를 통해서 무료로 다운로드할 수 있습니다.

* 스마트폰으로 QR코드를 스캔하면 MP3 다운로드 및 실시간 재생 가능한 페이지로 바로 연결됩니다.

차례

- 들어가는 말 3
- 이 책의 구성과 활용법 4
- 차례 7
- 최신개정 다락원 중국어 마스터 시리즈의 특징 10
- 일러두기 18

	주요 표현	학습 목표	어법 포인트	중국 그리고 중국 문화
01	**我每天学习五六个小时。** Wǒ měitiān xuéxí wǔ-liù ge xiǎoshí. 나는 매일 대여섯 시간 공부합니다.			19
	• 我每天学习五六个小时。 • 你选了几门课? • 难怪你的汉语那么好。 • 活儿多的话, 要加班。	• 시간의 양 표현 • 동작의 완료 표현	• 시태조사 了 • 시량보어	• 한국 뺨치는 중국의 교육열
02	**昨天的联欢会开得怎么样?** Zuótiān de liánhuānhuì kāi de zěnmeyàng? 어제 친목회는 어땠습니까?			31
	• 大家吃得很好。 • 你会唱中国歌? • 他们正在练太极拳。 • 我也想学学。	• 동작의 상태 표현 • 동사의 중첩 표현	• 상태보어 • 동사의 중첩 • 동작의 진행	• 중국의 전통 무술, 태극권!
03	**祝你生日快乐!** Zhù nǐ shēngrì kuàilè! 생일 축하합니다!			45

	• 祝你生日快乐!
	• 书店快关门了。
	• 菜已经准备好了。
	• 大家快趁热吃吧。
		• 생일 축하 표현
		• 동작의 결과 표현
		• 상황의 변화 표현
			• 결과보어
			• 어기조사 了
			• 就要……了/
			  快(要)……了
				• 중국인이 싫어하는
				  선물은?

04	**我头疼。** Wǒ tóu téng. 저는 머리가 아파요.			57
	• 你哪儿不舒服? • 嗓子有点儿不舒服。 • 这药一天吃几次? • 你要小心别感冒。	• 아플 때 하는 표현 • 주술술어문의 이해 • 동작의 횟수 표현	• 주술술어문 • 동량보어 • 有(一)点儿/ (一)点儿	• 중국 병원 이용하기
05	**你在这儿等着, 我去买票。** Nǐ zài zhèr děng zhe, wǒ qù mǎi piào. 당신은 여기서 기다리고 있어요. 나는 표를 사러 갈게요.			69
	• 你在这儿等着。 • 我去一下洗手间。 • 我的钱包不见了。 • 那个钱包不是你的吗?	• 약속하기, 표 사기 표현 • 동작의 지속 표현 • 반어문 표현	• 시태조사 着 • 반어문	• 중국의 영화

	주요 표현	학습 목표	어법 포인트	중국 그리고 중국 문화
06	**那些画儿都画得好极了。** Nàxiē huàr dōu huà de hǎo jíle. 그 그림들은 정말 잘 그렸어요.			81
	• 我最近一直没吃烤鸭。 • 那就这么决定了! • 地铁站人多极了。 • 还是坐地铁比较好。	• '没'의 용법 이해 • 상태의 정도 표현	• 부정사 没(有) • 정도보어 • 就 / 才	• 중국 예술의 현주소, 따산즈 798예술구!
07	**我也想买一台新款电脑。** Wǒ yě xiǎng mǎi yì tái xīnkuǎn diànnǎo. 나도 새 컴퓨터를 한 대 사고 싶어요.			93
	• 速度比以前快两倍。 • 价格越来越便宜了。 • 用手机看看视频。 • 我就不用经常去网吧了。	• 컴퓨터와 관련된 표현 • 수량을 이용한 비교 표현 • 조동사 '得'와 '不用'의 용 법 이해	• 비교수량보어 • 得 / 不用 • 除了……(以外)	• 중국의 쇼핑 문화
08	**복습 I**			105
		• 1~7과 발음, 단어, 회화, 어 법 포인트 복습		• 중국의 전통 뮤지컬, 경극!
09	**一路上辛苦了。** Yílù shang xīnkǔ le. 오시는 길 수고 많으셨습니다.			113
	• 总公司派人来中国。 • 行李一点儿也不重。 • 我的车就停在停车场。 • 给您添了这么多麻烦。	• 마중과 관련된 표현 • 동사 뒤에 '在'와 '到'가 오 는 표현 • 다양한 겸어동사의 사용	• 동사+在/到+명사 • 겸어동사 • 一点儿也不……	• 중국의 기숙사는 어떤 모습일까?
10	**一美元兑换多少人民币?** Yì měiyuán duìhuàn duōshao rénmínbì? 1달러는 런민삐 얼마로 바꿀 수 있습니까?			125
	• 一美元兑换多少人民币? • 我在手机上帮你查查。 • 请出示一下您的护照。 • 只要有银行卡就行。	• 은행에서 사용하는 표현 • 단순방향보어 표현	• 단순방향보어 • 又……又…… • 只要……就……	• 중국 은행 이용하기
11	**有没有一室一厅的?** Yǒu méiyǒu yí shì yì tīng de? 방 한 개, 거실 하나짜리 있습니까?			137
	• 刚好新华公寓搬走一家。 • 那儿一个月的房租是多 少? • 这儿有没有一室一厅的? • 我们现在可以去看房吗?	• 방 구하기 표현 • 형용사의 중첩 표현 • 존현문 표현	• 형용사 중첩 • 존현문	• 중국의 주택과 부동산

		주요 표현	학습 목표	어법 포인트	중국 그리고 중국 문화
12		**请您把房卡和早餐券拿好。** Qǐng nín bǎ fángkǎ hé zǎocānquàn náhǎo. **149** 객실 카드와 조식권을 가져가십시오.			
		• 请您把房卡拿好。 • 我马上把行李送上去。 • 我们一起照张相吧! • 我在网上预订了房间。	• 호텔 이용 표현 • 복합방향보어 표현 • '把자문'의 이해와 표현	• 복합방향보어 • 把자문	• 중국의 호텔
13		**这次旅行我忘不了。** Zhè cì lǚxíng wǒ wàngbuliǎo. **161** 이번 여행을 저는 잊을 수 없습니다.			
		• 火车就要开了。 • 在火车上也买得到。 • 你是在哪儿买的? • 这次旅行我忘不了。	• 기차 이용 표현 • 가능보어의 이해와 표현 • '是……的' 구문의 이해와 표현	• 가능보어 • 是……的	• 중국의 자부심, 까오티에
14		**祝你一路平安。** Zhù nǐ yílù píng'ān. 가시는 길에 평안하시길 바랍니다. **173**			
		• 她的脚被扭伤了。 • 我们真舍不得你走。 • 登机手续都办好了吗? • 祝你一路平安。	• 이별과 관련된 표현 • '被자문'의 이해와 표현	• 被자문 • 舍不得……	• 중국의 음주 문화
15		**복습Ⅱ**			**185**
		• 9~14과 발음, 단어, 회화, 어법 포인트 복습			• 베이징의 국제 공항

부록

■ 본문 해석 194

■ 정답 및 녹음 대본 206

■ 단어 색인 213

다락원 중국어 마스터 시리즈의 특징

국내 최고 교수진의 다년간의 교수 경험을 바탕으로 개발된, 한국인을 위한 중국어 학습 교재의 결정체 『다락원 중국어 마스터』의 최신개정판! 기존의 『다락원 중국어 마스터』의 특장점은 유지하면서 시대의 흐름과 변화를 반영했고, 학습자의 눈높이에 맞춰 새단장했습니다.

특징 1 듣기와 말하기 기능을 집중적으로 훈련

『최신개정 다락원 중국어 마스터』 시리즈는 변화하는 중국어 학습 환경과 학습법을 효과적으로 접목시켜, 말하기·듣기·읽기·쓰기의 네 가지 언어 기능을 통합적으로 습득할 수 있도록 구성했습니다. 특히 듣기와 말하기 기능을 집중 훈련할 수 있도록 본문 전체에 걸쳐 다양한 장치를 두었으며, 자연스러운 베이징식 구어 표현을 최대한 담았습니다.

특징 2 일상생활에 바로 활용할 수 있도록 실용성 강조

배운 문장을 실생활에 바로 사용할 수 있도록 '실용성'에 비중을 두고 집필했습니다. 즉 일상생활·학습·교제 등에 직접적으로 연관되는 내용을 중심으로 본문이 구성되었으며, 어법 설명의 예문이나 연습문제 역시 일상 회화표현 중에서 엄선했습니다. 본문의 어휘는 중국인이 많이 사용하는 빈도수를 최대한 고려하여 배치했습니다.

특징 3 한국인을 대상으로 하는, 강의에 적합한 교재로 개발

학습자들의 언어 환경이 한국어인 점을 고려하여 듣고 말하기를 충분히 반복하고 응용할 수 있는 코너를 다양하게 두었습니다. 또한 어법을 난이도에 따라 배치하고, 앞에서 학습한 어휘와 어법을 뒷과에서 반복하여 등장시킴으로써 학습자들이 무의식중에 자연스럽게 앞서 배운 내용을 복습할 수 있도록 했습니다.

다락원 중국어 마스터 시리즈의 **어법 및 표현 정리**

★ 중국어 입문부터 시작하여 고급중국어를 구사하기까지 학습자의 든든한 멘토가 되어 줄 『최신개정 다락원 중국어 마스터』! STEP 1부터 STEP 6까지 총 6단계의 시리즈를 통해 배우게 될 주요 어법 및 표현을 예문과 함께 정리했습니다.

STEP 1

01과
- a o e i(-i) u ü
- b p m f d t n l
- g k h j q x
- z c s zh ch sh r

02과
- ai ao ei ou
- an en ang eng ong

03과
- ia ie iao iou(iu)
- ian in iang ing iong
- üe üan ün

04과
- ua uo uai uei(ui)
- uan uen(un) uang ueng
- er

05과
- 是자문 我是中国人。
- 개사 在 我在银行工作。
- 인칭대사 我 / 你 / 他

06과
- 중국어 숫자 표현 一 / 二 / 三……
- 양사 一个妹妹
- 有자문 我有弟弟。
- 나이를 묻는 표현 你今年几岁?
- 多+형용사 你今年多大?

07과
- 시각의 표현 2:05 → 两点五分
- 년, 월, 일, 요일 표현 今年 / 下个月 / 星期一

08과
- 명사술어문 现在不是三点十分。
- 조사 吧 他有弟弟吧?

09과
- 런민삐 읽는 방법 2.22元 → 两块二毛二
- 정반(正反)의문문 有没有别的颜色的?
- 조동사 我要学汉语。

10과
- 시태조사 过 他没来过我家。
- 조동사 会, 想 我会做中国菜。 / 我想去中国。
- 연동문 我们一起去玩儿吧。

11과
- 겸어문 你请他打电话吧!
- 개사 给 我想给他买一本书。

12과
- 방위사 前边有一个公园。
- 존재문(有, 在, 是) 我家后边有一个银行。

13과
- 比 비교문 今天比昨天热。
- 감탄문 这件衣服真漂亮啊!
- 不用 不用客气!
- 听说 听说她很漂亮。

14과
- 선택의문문 你要这个还是那个?
- 개사 离 我家离这儿很远。
- 从A到B 我从八点到十二点上课。
- 如果 如果你来韩国, 我一定带你去。

STEP 2

01과
- 시태조사 了 这个学期你选了几门课?
- 시량보어 我每天学习五六个小时。

02과
- 상태보어 我忙得没有时间吃饭。
- 동사의 중첩 我也想学学。
- 동작의 진행 他们正在练太极拳。

03과
- 결과보어 菜已经准备好了。
- 어기조사 了 时间不早了。
- 就要……了/快(要)……了
  就要到星期六了。/ 快要到火车站了。

04과
- 주술술어문 我身体很好。
- 동량보어 这药一天吃几次?
- 有(一)点儿/(一)点儿 他今天有点儿不高兴。

05과
- 시태조사 着 他手里拿着一本书。
- 반어문 这是你的吗?

06과
- 부정사 没(有) 怎么没坐地铁?
- 정도보어 今天热死了。
- 就/才
  昨天我十点就睡了,我姐姐十二点才睡。

07과
- 비교수량보어 速度比以前快两倍。
- 得/不用 明天你得来找我。
- 除了……(以外)
  除了雨林、娜贤,赵亮也喜欢画画儿。

09과
- 동사+在/到+명사
  他住在公司宿舍。/ 他们要待到明年。
- 겸어동사 我让他住在公司宿舍。
- 一点儿也不 行李一点儿也不重。

10과
- 방향보어 1–단순방향보어 你快跑去拿吧。
- 又……又……
  带着这么多钱,又不方便又不安全。
- 只要……就…… 只要有银行卡就行。

11과
- 형용사 중첩 红红的花 / 绿绿的树
- 존현문 桌子上放着一本书。

12과
- 방향보어 2–복합방향보어 我马上把行李送上去。
- 把자문 我把行李整理好就去。

13과
- 가능보어 我们从这儿上车,过得去吗?
- 是……的 你是什么时候来的韩国?

14과
- 被자문 那本书被他借走了。
- 舍不得 我舍不得离开中国。

STEP 3

01과
- 一会儿 你坐下休息一会儿吧!
- 以为
  人们以前都以为地球才是宇宙的中心。
- 虽然……, 但是……
  虽然我的房间不大,但是很干净、很整齐。
- 为了
  为了能赶上火车,他一大早就出门了。
- 因为……, 所以……
  因为今天天气很冷,所以我穿了不少。
- 一边……, 一边……
  我们一边工作,一边学习。

02과
- 已经……了 他已经去中国了。
- 比……多了 我比你累多了。
- ……了……就 下了班就去上课。
- 不是……吗? 你不是快要回国了吗?

- 或者……，或者……
  或者在家看电视，或者出去和朋友们一起玩儿。

- 有时……，有时……
  这儿的天气真奇怪，有时冷，有时热。

03과

- 什么！ 看电影，哭什么!
- 可 我可没说过我喜欢你呀!
- 光 我们光谈学校生活了，没谈别的。
- 起来 看起来，你这个学期也并不轻松。
- 不管 不管刮风还是下雨，我们都要去。

04과

- 没有……那么/这么……
  我打得没有你那么好。

- 等 等他来了再说吧。
- 咱们 咱们打一场，怎么样?
- A不如B 我的汉语不如他好。
- 因此
  我跟他在一起十年了，因此很了解他的性格。

05과

- 看上去 叔叔、阿姨看上去很慈祥。
- 出来 我听出来了，他是东北人。
- ……是……，不过……
  我们外表像是像，不过性格完全不同。
- 却 我学了三年汉语，水平却不高。
- 一……，就……
  天气一冷，我就不想出去。

06과

- 双 给我拿双42号的试一试。
- 不怎么 我不怎么喜欢这种款式的。
- 打……折 原价400元，打八折，现价320元。
- 稍微 这张桌子比那张桌子稍微大一些。
- 上 为什么这么多人都会喜欢上他呢?

08과

- 谁都 谁都知道，这是垃圾食品。
- 连……都…… 我连菜谱都能背下来了。
- 既然 既然你病了，就在家里休息吧。
- ……什么，……什么 你吃什么，我就吃什么
- 起来 现在是午餐时间，人开始多起来了。

09과

- 不但不/没……，反而……
  不但没好，病情反而更加严重了。

- 再……也……
  再忙也不能不顾身体呀!

- 不然……
  最好住院，不然病情很有可能恶化。

- 对……进行……
  他对中国文化进行了十年的研究。

- 只好 外边下雨，我们只好待在家里。

10과

- 正要 真是太巧了，我正要给你打电话呢。
- 怎么也 这个箱子太重了，怎么也搬不动。
- 万一/如果
  万一他关机，我跟他联系不上，可怎么办?

- 来着
  我们昨天见的那个中国人，叫什么名字来着?

- 到时候 到时候，我们不见不散。

11과

- 偏偏
  这个时间车堵得很厉害，可他偏偏要开车去。

- 不但……，而且……
  她不但长得很漂亮，而且很聪明。

- 可……了 哎哟，这可糟了，坐过站了。
- 该 现在我们该怎么办呢?
- 就是……，也…… 就是堵车，我也坐公交车。

12과

- 往 这列火车开往北京。
- 按照 按照规定一个星期就能到。
- 说不定 他发烧了，说不定明天不能来上课。
- 既……，也…… 这件衣服既很漂亮，也很便宜。
- 正好 你来得正好。

13과

- 多 他已经三十多岁了。
- 不是……，就是……
  我每天不是学校就是宿舍，没去过什么地方。

- 没……什么…… 今天我上街，没买什么。
- 顺便 如果顺便去趟上海，恐怕要八九天。
- 与其……，不如……
  与其在这儿等，不如去找他。

01과

- **要么……，要么……**
  我俩要么去看电影，要么去旅行，可有意思啦！

- **好**
  平时书包里放把雨伞，下雨的时候好用。

- **A就A(吧)**
  他不高兴就不高兴吧，我也没办法。

- **只有……才……**
  只有他来才能解决这个问题。

- **就**
  别人都有了自己的心上人，就我还是孤单一人。

02과

- **显得……**　他今天显得特别高兴。

- **是不是**　是不是他告诉你的?

- **不妨**　你跟我们一起去也不妨。

- **着呢**　小明新烫的发型漂亮着呢。

- **要不**
  这倒也是，天气越来越热，要不我也剪个短发?

03과

- **……来……去**
  我问来问去，不知不觉就学会修理了。

- **有+명사+동사**
  他有能力解决这个问题。

- **到底**
  你的电脑到底有什么问题?

- **好不容易**
  去了好几家书店好不容易才买到那本书。

- **非得……不可**
  以后电脑出了故障，非得找你不可啦。

04과

- **동목이합사**　我们见过一次面。

- **连A带B**　连钱包带护照都丢了。

- **除非……，否则……**
  除非他来请我，否则我不会去的。

- **倒是……，只是……**
  他倒是很善良，只是没有勇气。

- **이중목적어문**　能不能借我点儿钱?

05과

- **表示……**
  我早就想对你们的帮助表示感谢。

- **以A为B**
  在我心中早就以北京为我的第二故乡了。

- **以便**
  我们应该提前通知大家，以便大家做好准备。

- **人家**
  你让我休息一会儿吧，人家都要累死了。

- **동사+下**
  这个书包能装下这些词典。

06과

- **又**　天气预报又不是那么准。

- **从来**　这种事我从来没听说过。

- **从……起**　从下周起放暑假。

- **以防**
  从今天起我得在书包里放一把小雨伞，以防万一。

- **差点儿**　我差点儿把钱包丢了。

08과

- **기간+没/不……**
  两个月没见，你怎么发福了?

- **……也好，……也好**
  跑步也好，爬山也好，多做一些有氧运动吧。

- **……下去**
  你再这样胖下去，可不行。

- **必须**
  你必须改变一下你的饮食习惯。

- **尽量**
  晚饭不要吃得太晚，尽量少吃零食。

09과

- **竟然**
  他学习那么认真，没想到竟然没考上大学。

- **동사+着**
  说着中国菜，肚子还真有点儿饿。

- **往……**
  请大家往右看，那家就是北京书店。

- **동사+成**
  云能变成雨，所以天上有云才会下雨。

- **够……的**
  今年北京的夏天可真够热的。

10과

- **비술어성 형용사**
  显示屏不小，也很薄，是新型的吧?

- **随着**
  人们的思想随着社会的变化而变化。

14

- 嘛
  有手机就可以坐车，也可以买东西嘛。

- 别提……
  拍出的照片别提多清晰了。

- 难道
  难道你想和我的距离变远吗？

11과

- 哪怕……，也……
  哪怕没看过的人，也都知道有《大长今》这个韩剧。

- 就
  参加这次活动的人不少，光我们班就有八个。

- 上下
  听说土耳其的收视率在95%上下。

- 在……上
  在这个问题上，我同意他的意见。

- 值得 汉江公园值得一去。

12과

- 肯…… 不知你是否肯去银行工作？

- 宁可A也不B
  宁可少挣点儿去贸易公司，也不想去银行。

- 任何
  任何事都不能强求。

- 何必……呢？
  你肯定能找到好工作，何必这么谦虚呢？

- 只不过……罢了
  上次只不过是运气不好罢了。

13과

- 以来
  今年年初以来，我已经去过中国六次了。

- 再……不过了
  那可再好不过了。

- 难得
  难得你为我想得那么周到，真太谢谢你了。

- ……过来
  把"福"字倒过来贴。

- 不是A，而是B
  他说的那个人不是雨林，而是我。

01과

- 先……，然后……
  你等着，我先看，然后再给你看。

- 经 他的小说是经我翻译出版的。

- 没少 北京市这些年可没少盖房。

- 尽管 如果你需要，尽管拿去用吧。

02과

- 跟……相比
  这本书跟其他三本比起来，内容难了一些。

- 还是
  今天有点儿热，我们还是喝冰咖啡吧。

- 동사+个+형용사/동사
  大家不仅要"吃个饱"，还要"喝个够"。

- 不……不……也得……吧
  这盒巧克力是女朋友给我买的，不吃不吃也得尝一口吧。

03과

- 少说也有
  他点了一桌子菜，先凉菜，后热菜……少说也有二三十种。

- 양사(量词)의 중첩 道道菜都精致、可口。

- ……惯 很多韩国人都吃不惯香菜。

- 什么……不……的
  什么时髦不时髦的，衣服能穿就行了。

04과

- 从……来看 从这一点来看，他的看法有问题。

- 不见得 通过血型不见得就能断定一个人的性格。

- 说不定
  你以为他不对，但说不定他说得没错。

- 反而……
  他见到我，不但不高兴，反而向我发脾气。

05과

- ……不得了
  没想到，你对汉妮真的爱得不得了。

- 被……所……
  老师深深地被这些学生所感动。

- 省得 多穿点儿衣服，省得感冒。

- 这不
  他们俩好像吵架了，这不，他们一前一后地走着，一句话也不说。

07과

- **在……看来**
  在他看来，这件事不应该这么办。

- **在于……**
  我觉得"美"并不在于一个人的外貌。

- **长……短……**
  现在的女孩子们都很重视外表，总是长打扮短打扮的。

- **莫非** 莫非我听错了不成?

08과

- **趁……**
  日子就订在国庆节，趁放长假正好去度蜜月。

- **……齐**
  电视、冰箱、洗衣机这三大件都买齐了?

- **少不了**
  中国人结婚那天少不了彩车、酒席和摄像。

- **别说A，就(是)B也**
  我到现在一直忙工作，别说早饭，就是午饭也没顾得上吃。

09과

- **……来** 他今天走了六里来路。

- **형용사+비교 대상** 他小马玲两岁。

- **该多……啊**
  如果你不离开这儿该多好哇!

- **……吧……，……吧……**
  在家吧，一个人没意思，出去玩儿吧，外边又太冷。

10과

- **一……比一……**
  雨一阵比一阵大，我们快走吧。

- **对……来说**
  对韩国人来说，春节互相拜年是必不可少的活动。

- **每**
  每到春节，我都回家乡。

- **至于……**
  他们离婚了，至于他们为什么离婚，谁也不知道。

11과

- **多+동사+비교 수량**
  中国男人的确比韩国男人多做不少家务。

- **再……也……**
  你再怎么劝，他也不会听的。

- **否则……**
  我们有家务一起干，否则会很容易引起家庭矛盾的。

- **一来……，二来……**
  他每天放学后，都会去打工。一来是为了挣点儿钱，二来是为了开阔眼界。

STEP 6

01과

- **直**
  听了孩子说的这些话，我直想哭。

- **甚至**
  他抓紧一切世间写作，甚至连放假期间都不肯休息。

- **一旦……(就)**
  人们都认为一旦名字没起好会影响人一生的命运。

- **于**
  青藏高原位于中国的西南部。

02과

- **所谓……** 所谓"炎黄"就是指炎帝和黄帝。

- **好比** 这就好比韩国的"檀君神话"。

- **……下来** 这是韩国自古流传下来的神话。

- **之所以……** 他之所以跳槽，是因为跟科长合不来。

03과

- **还……呢** 你还中国通呢，怎么连这都不知道?

- **各有各的……** 看起来，每个国家都各有各的特色。

- **受……** 受领导宠信或重用的人叫"红人"等等。

- **则** 说起来容易，做起来则没那么容易。

04과

- **要A有A，要B有B**
  我女朋友要外貌有外貌，要人品有人品。

- **再说**
  再说男人和女人的眼光不一样。

- **未必……**
  男人觉得漂亮的，女人未必就喜欢。

- **不至于……**
  不至于有这么多讲究吧。

05과

- **由**
  京剧中的女主角都是由男人扮演的。

- **为(了)……起见**
  为了保险起见，我还特意在网上订了两张票。

- 用以
  他举了几个例子，用以证明他的观点。
- 使得
  其动作之敏捷，使得观众无不为之惊叹、喝彩。

07과
- 在……下
  这篇论文是在朴教授的指导下完成的。
- ……就是了
  少林寺诵经拜佛就是了，为什么还练武术?
- ……也是……不如
  今年暑假我们俩闲着也是闲着，不如一起去少林寺看看怎么样?
- 一肚子
  他一肚子火没地方发。

08과
- 时……时……
  沙漠的气候时冷时热，变化无常。
- 直到……
  千佛洞直到1900年才被世人发现。
- 白……
  闹半天，我白说了这么多，原来是"班门弄斧"。
- 何况
  连你都知道这么多，更何况你表哥呢。

09과
- 要说
  要说他的这辆老爷车，的确不省油。
- 可见
  可见西安、洛阳、南京和北京不失为中国的"四大古都"。
- ……不过
  要说中国的历史，恐怕谁都说不过你。
- 명사구+了
  瞧你说的，这都什么时代了。

10과
- 发……
  我可是一听古诗头就发晕。
- ……似的
  李白的诗的确别有风韵，听了他的诗就仿佛身临其境似的。
- A有A的……，B有B的……
  国有企业和乡镇企业大有大的难处，小有小的优势。
- 何尝
  我何尝去过那样的地方?

11과
- 才……又……
  我才学会了一点儿普通话，难道又要学广东话?
- 没什么……
  谢天谢地，普通话只有四个声调，这回我可没什么不满可言了。
- 大/小+양사
  这么一小间屋子怎么能住得下五个人?
- 不免
  今年雨下得特别多，庄稼不免受了很大影响。

17

일러두기

★ 이 책의 고유명사 표기는 다음과 같습니다.

① 중국의 지명·건물·기관·관광 명소의 명칭 등은 중국어 발음을 한국어로 표기하는 것을 원칙으로 하였습니다. 단, 우리에게 널리 알려진 고유명사의 경우에는 한자 발음으로 표기했습니다. 예 北京 → 베이징　兵马俑 → 병마용

② 인명의 경우, 각 나라에서 실제 읽히는 발음을 기준으로 하여 한국어로 그 발음을 표기했습니다. 예 朴娜贤 → 박나현　林海 → 린하이

★ 중국어의 품사는 다음과 같이 약자로 표기했습니다.

명사	명	개사	개	감탄사	감	지시대사	대
동사	동	고유명사	고유	접두사	접두	어기조사	조
부사	부	형용사	형	접미사	접미	시태조사	조
수사	수	조동사	조동	인칭대사	대	구조조사	조
양사	양	접속사	접	의문대사	대		

★ 주요 등장인물

박나현 朴娜贤
한국인
베이징 대학교에서 중국어를 공부하는 학생, 20대

자오량 赵亮
중국인
대학생, 20대

유우림 柳雨林
한국인
직장인, 30대

린하이 林海
중국인
영어 교사, 30대

정현철 郑贤哲
한국인
직장인, 20대

01

我每天学习
五六个小时。

나는 매일 대여섯 시간 공부합니다.

1 동작이 이루어진 시간의 양을 표현할 수 있다.

2 동작의 완료를 표현할 수 있다.

- 学期 xuéqī 명학기
- 选 xuǎn 동고르다, 선택하다
- 门 mén 양가지, 과목 명문
- 课 kè 명수업, 강의
- 口语 kǒuyǔ 명구두어, 입말
- 写作 xiězuò 동글을 짓다 명작문, 작품
- 阅读 yuèdú 동읽다
- 难 nán 형어렵다, 곤란하다, 힘들다
- 觉得 juéde 동~라고 생각하다
- 有意思 yǒuyìsi 재미있다, 흥미롭다
- 每天 měitiān 명매일
- 学习 xuéxí 동학습하다, 공부하다
- 难怪 nánguài 부어쩐지, 과연
- 哪儿的话 nǎr de huà
  천만의 말씀입니다
- 脸色 liǎnsè 명안색, 얼굴빛
- 加班 jiā bān 동초과 근무를 하다

- 才 cái 부겨우, 방금, 이제
- 睡 shuì 동자다
- 一天 yìtiān 명하루, 1일
- 但是 dànshì 접그러나, 그렇지만
- 活儿 huór 명일
- 的话 dehuà 조~하다면, ~이면
- 挣 zhèng 동벌다
- 万 wàn 수만(10,000)
- 包括 bāokuò 동포함하다
- 费 fèi 명비용, 요금
- 哇 wā 감아! 와! 어머!
- 少 shǎo 형적다

리듬을 따라하며 문장의 구조를 자연스럽게 익혀 보세요. ♪ 01-02

我每天学习五六个小时。
Wǒ měitiān xuéxí wǔ-liù ge xiǎoshí.
저는 매일 대여섯 시간 공부합니다.

♪ 五六个小时
学习／五六个小时
我每天／学习／五六个小时。

你选了几门课?
Nǐ xuǎn le jǐ mén kè?
당신은 몇 과목을 신청했습니까?

♪ 几门课
选了／几门课
你／选了／几门课?

难怪你的汉语那么好。
Nánguài nǐ de Hànyǔ nàme hǎo.
어쩐지 당신이 중국어를 정말 잘하더라고요.

♪ 那么好
你的汉语／那么好
难怪／你的汉语／那么好。

活儿多的话，要加班。
Huór duō dehuà, yào jiā bān.
일이 많으면 초과 근무를 해야 합니다.

♪ 加班
要加班
活儿／多的话，要加班。

1 ·· 🎧 01-03

자오량 **这个学期你选了几门课?**
Zhè ge xuéqī nǐ xuǎn le jǐ mén kè?

나현 **选了三门，口语、写作和阅读。**
Xuǎn le sān mén, kǒuyǔ、xiězuò hé yuèdú.

자오량 **写作和阅读难不难?**
Xiězuò hé yuèdú nán bu nán?

나현 **不太难，我觉得很有意思。**
Bú tài nán, wǒ juéde hěn yǒuyìsi.

자오량 **你每天学习多长时间?**
Nǐ měitiān xuéxí duō cháng shíjiān?

나현 **我每天学习五六❶个小时。**
Wǒ měitiān xuéxí wǔ-liù ge xiǎoshí.

자오량 **难怪❷你的汉语那么好。**
Nánguài nǐ de Hànyǔ nàme hǎo.

나현 **哪儿的话!❸**
Nǎr de huà!

아하! 그렇구나!

❶ '五六个小时'의 '五六'처럼 연속한 두 개의 숫자를 병렬하면 어림수를 나타낸다. 예 三四 서넛, 六七 예닐곱
❷ '难怪'는 '어쩐지'라는 뜻으로, '원인을 알고 나니 이상할 것이 없다'라는 의미이다.
❸ '哪儿的话'는 '천만의 말씀입니다'라는 의미로 상대방의 칭찬을 겸손하게 부정하는 표현이다.

린하이 今天你的脸色不太好。
Jīntiān nǐ de liǎnsè bú tài hǎo.

남자 我最近一直加班，昨天才睡了五个小时。
Wǒ zuìjìn yìzhí jiā bān, zuótiān cái shuì le wǔ ge xiǎoshí.

린하이 你们一天工作多长时间？
Nǐmen yìtiān gōngzuò duō cháng shíjiān?

남자 一天工作八个小时。但是活儿多的话，要加班。
Yìtiān gōngzuò bā ge xiǎoshí. Dànshì huór duō dehuà, yào jiā bān.

린하이 那你一个月挣多少？
Nà nǐ yí ge yuè zhèng duōshao?

남자 一个月一万二，如果包括加班费，
Yí ge yuè yí wàn èr, rúguǒ bāokuò jiābānfèi,

大概一万六左右。
dàgài yí wàn liù zuǒyòu.

린하이 哇！真不少啊！
Wā! Zhēn bù shǎo a!

시태조사 了

시태조사(时态助词)란 동사의 뒤에 붙어서 동작의 완료·지속·경험 등을 나타내는 조사를 말한다. '了'는 완료를 나타내는 시태조사로 동작이 완료되거나 실현되었음을 나타낸다.

这个学期你选了几门课? Zhè ge xuéqī nǐ xuǎn le jǐ mén kè?	昨天才睡了五个小时。 Zuótiān cái shuì le wǔ ge xiǎoshí.

완료는 시제와 무관하다. 미래시제에서도 동작의 완료를 나타낼 때는 '了'를 쓸 수 있다.

吃了饭,再走吧。 Chī le fàn, zài zǒu ba.	明天我做了作业就去他家。 Míngtiān wǒ zuò le zuòyè jiù qù tā jiā.

완료는 시제와 무관하므로 과거시제에서도 습관적인 동작과 같이 완료의 개념을 나타낼 수 없으면 '了'를 사용하지 않는다.

我在中国工作的时候每天都吃中国菜。
Wǒ zài Zhōngguó gōngzuò de shíhou měitiān dōu chī Zhōngguó cài.

都 dōu 뷔 모두, 다

그림을 보고 주어진 단어를 사용하여 '了'를 포함한 문장을 만들어 보세요.

①

吃 / 碗 / 饭

②

买 / 件 / 衣服

③

写 / 封 / 信

xiě 동 쓰다 / fēng 양 통 / xìn 명 편지

④

选 / 门 / 课

시량보어

동사나 형용사의 뒤에서 동작이나 상태에 관하여 구체적인 정보를 더해주는 성분을 보어라고 한다. 시량보어(时量补语)는 동작이 이루어진 시간의 양을 나타내는 보어를 말하며, 다음과 같은 두 가지 용법을 나타낸다.

① 동작이 지속된 시간을 나타낸다.

我每天学习五六个小时。	一天工作八个小时。
Wǒ měitiān xuéxí wǔ-liù ge xiǎoshí.	Yìtiān gōngzuò bā ge xiǎoshí.

목적어가 명사이면 동사를 「동사+시량보어+(的)+목적어」의 어순으로 쓴다.

我学了三年(的)汉语。	我看了三十分钟(的)书。
Wǒ xué le sān nián (de) Hànyǔ.	Wǒ kàn le sānshí fēn zhōng (de) shū.

목적어가 사람을 나타내는 인칭대사이면 「동사+목적어+시량보어」의 어순으로 쓰인다.

我等了他二十分钟。	我找了你两个小时。
Wǒ děng le tā èrshí fēn zhōng.	Wǒ zhǎo le nǐ liǎng ge xiǎoshí.

等 děng 통 기다리다 | 找 zhǎo 통 찾다

목적어의 종류에 상관없이 동사를 중복하여 「동사+목적어+동사+시량보어」의 어순으로도 쓰인다.

我学汉语学了三年。	我等他等了二十分钟。
Wǒ xué Hànyǔ xué le sān nián.	Wǒ děng tā děng le èrshí fēn zhōng.

② 동작이 발생한 후부터 말하는 시점까지 경과된 시간을 나타낸다.

他走了十天了。	他离开三年了。
Tā zǒu le shí tiān le.	Tā lí kāi sān nián le.

离开 lí kāi 통 떠나다

동사에 목적어가 있으면 시량보어는 항상 목적어의 뒤에 온다.

他回国十年了。	他来北京十天了。
Tā huí guó shí nián le.	Tā lái Běijīng shí tiān le.

回国 huí guó 통 귀국하다

※ ②의 예문에서 문장 끝에 쓰인 '了'는 24p '시태조사 了'에서 배운 '了'와는 성격이 다르다. 이는 3과 '어기조사 了'(51p)에서 구체적으로 다루도록 한다.

주어진 단어를 어순에 맞게 배열하여 문장을 완성해 보세요.

① 四十分钟 / 坐 / 坐了 / 车

　→ 我＿＿＿＿＿＿＿＿＿＿＿＿＿＿＿＿＿＿＿＿＿。

② 这儿 / 到 / 十天

　→ 他＿＿＿＿＿＿＿＿＿＿＿＿＿＿＿＿＿＿了。

③ 他 / 找了 / 一个小时

　→ 我＿＿＿＿＿＿＿＿＿＿＿＿＿＿＿＿＿＿。

1 我每天学习五六个小时。

睡 shuì   六七个小时 liù-qī ge xiǎoshí
工作 gōngzuò   七八个小时 qī-bā ge xiǎoshí
锻炼 duànliàn   三四十分钟 sān-sìshí fēn zhōng

• 锻炼 duànliàn 운동하다

2 难怪你的汉语那么好。

你不喜欢他 nǐ bù xǐhuan tā
他要走 tā yào zǒu
你的脸色不好 nǐ de liǎnsè bù hǎo

3 活儿多的话，我们要加班。

他来 tā lái   等他 děng tā
下雨 xià yǔ   送她回家 sòng tā huí jiā
他在家 tā zài jiā   去找他 qù zhǎo tā

1 녹음을 듣고 녹음 내용과 일치하면 O, 일치하지 않으면 X를 표시해 보세요. 🎧 01-06

(1) 我觉得学汉语很有意思。 ( )

(2) 我每天学四个小时的汉语。 ( )

(3) 我打算明年去中国旅行。 ( )

(4) 我有一个中国朋友。 ( )

2 나현이의 하루를 나타낸 그림입니다. 주어진 단어와 이 과에서 배운 시량보어를 사용하여 나현이의 일과를 말해 보세요. 또, 나현이의 하루를 참고하여 자신의 일과를 얘기해 보세요.

(1)

学

娜贤每天 _____。

(2)

锻炼

娜贤每天 _____。

(3)

睡

娜贤每天 _____。

3 주어진 대화문의 빈칸에 알맞은 말을 보기 에서 골라 넣고 대화해 보세요.

보기

多长时间　　有什么事　　什么时候　　考试
↳kǎoshì 명 동 시험(을 치르다)

A 今天你脸色不好，_____？

B 后天考试，我昨天才睡了四个小时。

A 那你昨天学了_____？

B 九个小时。

A 你真用功。我昨天睡了九个小时。
↳yònggōng 동 노력하다, 열심히 공부하다

B 你们_____？

A 下星期。

4 이 과에서 배운 표현과 보기 의 단어를 활용하여 친구와 함께 대화해 보세요.

보기

汉语　　英语　　日语　　历史　　数学　　音乐
↳Rìyǔ 고유 일어, 일본어　　↳yīnyuè 명 음악

A 这个学期你选了几门课？

B 选了_____门。

A 选了哪些课？
↳nǎxiē 대 어느, 어떤

B 选了_____、_____和_____。

A _____难不难？

B _____。

중국 그리고 중국 문화

한국 뺨치는 중국의 교육열

내 자식만은 반드시 명문대에 보내야 한다는 부모의 열성에 가방을 메고 이 학원 저 학원을 전전하는 아이들! 이는 우리나라만의 이야기가 아니다. 중국 부모들의 교육열 또한 한국 못지않다. 중국은 점차 부유층이 많아지면서 자식을 최고로 만들기 위한 교육열이 대단하다. 이에 따라서 현재 중국은 소비가 자녀 교육에 집중되는 양상을 보이고 있다.

중국도 우리나라와 마찬가지로 초등학교 6년, 중학교 3년, 고등학교 3년의 6-3-3제이고 의무교육 기간은 9년이다. 중국의 학부모들은 자녀를 명문대에 보내기 위해서 유치원부터 초등학교·중학교·고등학교에 이르기까지 명문 학교나 소위 귀족 학교로 보내기 위하여 사교육에 전념하고 있다. 초등학교 때부터 영어 학원·피아노 학원·컴퓨터 학원 등 각종 학원을 전전하고 있는가 하면 고액 과외를 받는 학생도 적지 않다. 또한 명문 유치원이나 유명한 학원은 항상 학부모들로 붐비고 있다. 중국의 초등학생들은 하교 시간 이후에는 교문 밖에서 기다리고 있는 부모나 조부모의 손에 이끌려 혹은 학원 차에 실려 학원을 전전하게 된다. 그러나 이러한 사교육 열풍도 부유층에게나 해당되는 이야기라고 할 수 있겠다. 중국도 빈부 격차가 심화되면서 저소득층이나 농촌 지역 아이들에게 사교육이란 딴 세상 이야기일 뿐이다.

①, ② 학교에서 수업을 받고 있는 중국의 학생들

02

昨天的联欢会
开得怎么样?

어제 친목회는 어땠습니까?

1 동작의 상태를 표현할 수 있다.

2 동사를 중첩하여 표현할 수 있다.

- 联欢会 liánhuānhuì 몡 친목회

- 开 kāi 동 개최하다, 열다, (기계 따위를) 조종하다

- 得 de 조 [동사나 형용사의 뒤에 쓰여, 상태나 정도를 표시하는 보어를 연결시키는 조사]

- 大家 dàjiā 대 모두

- 玩(儿) wán(r) 동 놀다, 장난하다

- 挺 tǐng 부 매우, 아주, 대단히

- 开心 kāixīn 형 유쾌하다, 즐겁다

- 唱 chàng 동 노래하다

- 歌 gē 명 노래, 가곡

- 首 shǒu 양 수, 곡 [시·노래 따위를 세는 단위]

- 不错 búcuò 형 괜찮다, 좋다

- 马马虎虎 mǎmǎhūhū 그저그렇다

- 学 xué 동 배우다, 학습하다

- 教 jiāo 동 가르치다, 지도하다

- 一会儿 yíhuìr 곧, 잠깐 사이에, 잠시

- (一)些 (yì)xiē 수량 약간, 조금, 얼마간의

- 那些 nàxiē 대 그것들

- (正)在 (zhèng)zài 부 지금 ~하고 있다, 한창 ~하고 있는 중이다

- 练 liàn 동 연습하다, 훈련하다, 수련하다

- 太极拳 tàijíquán 명 태극권

- 以为 yǐwéi 동 생각하다, 여기다

- 跆拳道 táiquándào 명 태권도

- 差不多 chàbuduō 형 거의 같다, 비슷하다

- 原来 yuánlái 부 본래, 알고 보니

- 一样 yíyàng 형 같다, 동일하다

- 传统 chuántǒng 명 전통

- 武术 wǔshù 명 무술

- 受 shòu 동 받다, 받아들이다

- 欢迎 huānyíng 동 환영하다

- 受欢迎 shòu huānyíng 인기가 있다

- 高手 gāoshǒu 명 고수

- 跟 gēn 개 ~와, ~에게

- 拜托 bàituō 동 부탁하다

리듬을 따라하며 문장의 구조를 자연스럽게 익혀 보세요.   ♪ 02-02

1

大家吃得很好。
Dàjiā chī de hěn hǎo.

모두들 잘 먹었습니다.

♪ 很好

吃得／很好

大家／吃得／很好。

2

你会唱中国歌?
Nǐ huì chàng Zhōngguó gē?

당신은 중국 노래를 부를 줄 압니까?

♪ 唱／中国歌

会唱／中国歌

你／会唱／中国歌?

3

他们正在练太极拳。
Tāmen zhèngzài liàn tàijíquán.

저 사람들은 태극권을 수련하고 있습니다.

♪ 练太极拳

正在／练太极拳

他们／正在／练太极拳。

4

我也想学学。
Wǒ yě xiǎng xuéxue.

저도 한번 배워 보고 싶습니다.

♪ 学学

想／学学

我也想／学学。

1 .... 🎧 02-03

자오량 昨天的联欢会开得怎么样?
Zuótiān de liánhuānhuì kāi de zěnmeyàng?

나현 大家吃得很好，喝得很好，玩儿得也挺开心。
Dàjiā chī de hěn hǎo, hē de hěn hǎo, wánr de yě tǐng kāixīn.

我们还唱了几首中国歌。
Wǒmen hái chàng le jǐ shǒu Zhōngguó gē.

자오량 你会唱中国歌?❶
Nǐ huì chàng Zhōngguó gē?

나현 会一两首，但我唱得不怎么样❷。
Huì yì-liǎng shǒu, dàn wǒ chàng de bù zěnmeyàng.

听说你唱得不错。
Tīngshuō nǐ chàng de búcuò.

자오량 马马虎虎。但是如果你想学，我可以教你。
Mǎmǎhūhū. Dànshì rúguǒ nǐ xiǎng xué, wǒ kěyǐ jiāo nǐ.

 아하! 그렇구나!

❶ '你会唱中国歌?'처럼 문장의 끝에 '吗'를 붙이지 않아도 억양을 올려 읽으면 가벼운 의문을 나타낼 수 있다.

❷ '怎么样'은 '어떠한가'라는 의미의 대사이지만 본문에서는 '不怎么样'의 형태로 쓰여 '그다지 좋지 않다', '별로 ~않다'라는 뜻을 나타낸다. '不太好'와 비슷한 의미이다.

나현   **真的吗？**
Zhēn de ma?

那一会儿你就教教我吧！
Nà yíhuìr nǐ jiù jiāo jiāo wǒ ba!

---

2 .... 🎧 02-04

린하이   **公园里人这么多！**
Gōngyuán li rén zhème duō!

우림   **你看，那些人在做什么呢？**
Nǐ kàn, nàxiē rén zài zuò shénme ne?

린하이   **他们正在练太极拳。**
Tāmen zhèngzài liàn tàijíquán.

우림   **我还以为太极拳和跆拳道差不多呢，**
Wǒ hái yǐwéi tàijíquán hé táiquándào chàbuduō ne,

原来这么不一样。
yuánlái zhème bù yíyàng.

린하이 太极拳是中国的传统武术，
Tàijíquán shì Zhōngguó de chuántǒng wǔshù,

很受中国人的欢迎。
hěn shòu Zhōngguó rén de huānyíng.

우림 我也想学学。
Wǒ yě xiǎng xuéxue.

린하이 我爷爷是太极拳高手。你可以跟他学一学。
Wǒ yéye shì tàijíquán gāoshǒu. Nǐ kěyǐ gēn tā xué yi xué.

우림 太好了。拜托你跟爷爷好好儿❸说说。
Tài hǎo le. Bàituō nǐ gēn yéye hǎohāor shuōshuo.

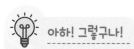

❸ '好好儿'은 형용사 '好'가 중첩된 표현이다. 일부 1음절 형용사는 중복하고 '儿'을 붙이면 부사를 만들 수 있는데, 이때 두 번째 음절은 제1성으로 읽는다.

어법 회화에 날개를 달다

상태보어

동사나 형용사의 뒤에서 관련된 상태를 설명해 주는 보어를 상태보어(情态补语)라고 한다. 이때 동사·형용사와 상태보어 사이에는 조사 '得'를 넣는다.

大家吃得很好，喝得很好，玩儿得也挺开心。
Dàjiā chī de hěn hǎo, hē de hěn hǎo, wánr de yě tǐng kāixīn.

我忙得没有时间吃饭。
Wǒ máng de méiyǒu shíjiān chī fàn.

부정문을 만들 때는 상태보어를 부정한다.

我唱得不好。
Wǒ chàng de bù hǎo.

我说得不快。
Wǒ shuō de bú kuài.

他睡得不好。
Tā shuì de bù hǎo.

快 kuài 형 빠르다

목적어가 있는 경우에는 「(동사+)목적어+동사+得+상태보어」의 어순으로 쓰인다. 이때 첫 번째 동사는 생략할 수 있다.

他唱歌唱得很好。
Tā chàng gē chàng de hěn hǎo.

她说汉语说得不错。
Tā shuō Hànyǔ shuō de búcuò.

他歌唱得很好。
Tā gē chàng de hěn hǎo.

她汉语说得不错。
Tā Hànyǔ shuō de búcuò.

그림을 보고 상태보어를 포함한 문장을 만들어 보세요.

①

→Hànzì 명 한자
写 / 汉字 / 很 / 好

②

唱 / 歌 / 不 / 好

③ 认识你,很高兴。

说 / 汉语 / 不错

_____

④

玩儿 / 很 / 高兴

_____

동사의 중첩

동사를 중첩하면 '좀 ~해보다'라는 의미로 가볍게 동작을 시도해 봄을 나타낸다. 1음절 동사(A)의 경우, AA 형식 혹은 가운데에 '一'를 넣은 A一A 형식으로 중첩되고, 2음절 동사(AB)의 경우 ABAB 형식으로 중첩된다.

我也想学学。
Wǒ yě xiǎng xuéxue.

我也想学一学。
Wǒ yě xiǎng xué yi xué.

我们休息休息。
Wǒmen xiūxi xiūxi.

我们一起复习复习。
Wǒmen yìqǐ fùxí fùxí.

休息 xiūxi 동 쉬다 | 复习 fùxí 동 복습하다

동사 뒤에 목적어가 있으면 동사를 중복한 후 목적어를 붙인다.

我想学学汉语。
Wǒ xiǎng xuéxue Hànyǔ.

你看看这个。
Nǐ kànkan zhè ge.

그림을 보고 보기 와 같이 동사를 중첩하여 문장을 만들어 보세요.

보기

→ 我可以尝尝荔枝吗?

尝荔枝
└→ cháng 동 맛보다

用你的手机

试这件衣服

_____   _____

教我太极拳

_____

동작의 진행

동사 앞에 '正'이나 '在', '正在'를 붙이면 동작이 진행 중임을 나타낸다. 이때 문장 끝에 '呢'를 붙일 수 있다.

那些人在做什么呢?	他们正在练太极拳。
Nàxiē rén zài zuò shénme ne?	Tāmen zhèngzài liàn tàijíquán.

동작의 진행은 시제와 무관하므로 과거, 현재, 미래시제에 모두 쓸 수 있다.

昨天我去他家的时候，他正在看电视。　　　　　　→ 과거
Zuótiān wǒ qù tā jiā de shíhou, tā zhèngzài kàn diànshì.

你现在正在做什么?　　　　　　　　　　　　　　→ 현재
Nǐ xiànzài zhèngzài zuò shénme?

明天这个时候我可能在上课。　　　　　　　　　　→ 미래
Míngtiān zhè ge shíhou wǒ kěnéng zài shàng kè.

电视 diànshì 명 텔레비전

그림을 보고 동작의 진행을 나타내는 문장을 만들어 보세요.

①

看书

_____

②

→ tiào wǔ 동 춤을 추다

跳舞

_____

③

打电话

_____

④

看电影

_____

1

大家吃得很好。

跑 pǎo	很快 hěn kuài
吃 chī	很饱 hěn bǎo
买 mǎi	不多 bù duō

- 跑 pǎo 달리다, 뛰다 • 饱 bǎo 배부르다

2

一会儿你就教教我吧。

看看书 kànkan shū
唱唱歌 chàngchang gē
练练字 liànlian zì

- 字 zì 글자, 글씨

3

你会唱中国歌?

说 shuō	汉语 Hànyǔ
写 xiě	汉字 Hànzì
做 zuò	中国菜 Zhōngguó cài

1 녹음을 듣고 녹음 내용과 일치하면 O, 일치하지 않으면 X를 표시해 보세요. 🎧 02-06

(1) 昨天是娜贤的生日。 ( )

(2) 娜贤请我一个人到她家去吃饭。 ( )

(3) 娜贤歌唱得不错。 ( )

(4) 我们十二点才回家。 ( )

2 그림을 보고 동작의 진행을 나타내는 '在'를 포함한 문장을 만들어 보세요.

(1)

_____

(2)

_____

(3)

_____

(4)

画画儿
└→ huà huàr 동 그림을 그리다

_____

3 주어진 대화문의 빈칸에 알맞은 말을 보기 에서 골라 넣고 대화해 보세요.

보기

喜欢什么　　唱得很好　　画得不错　　在做什么呢

A 你_____?

B 我在画画儿呢。

A 你_____。

B 马马虎虎。

A 我画得不好。上学的时候我最讨厌美术课。
　　　　　　　　　　　　　　　↳ měishù 명 미술

B 那你_____?
　　　　　　　　　　　　　↳ tǎoyàn 동 싫어하다

A 我喜欢唱歌，我_____。

4 이 과에서 배운 표현을 활용하여 친구와 함께 대화해 보세요.

A 你汉语说得怎么样?

B 我汉语说得_____。

A 你汉字写得怎么样?

B 我汉字写得_____。

A 你会唱中国歌吗?

B 我_____。

그리고 중국 문화

중국의 전통 무술, 태극권!

중국의 공원에서는 이른 아침부터 남녀노소가 함께 태극권을 연습하는 것을 쉽게 볼 수 있다. 태극권은 중국에서 가장 대중적인 전통 무술로서 중국인들에게 환영을 받고 있다. 중국의 전통 무술인 태극권은 언제 시작되었으며, 어떻게 중국인들이 사랑하는 대중 스포츠가 될 수 있었을까?

태극권의 기원에 대하여는 여러 가지 설이 있지만 송(宋)나라 때 시작되었다는 설과 명(明)말 청(淸)초에 시작되었다는 설이 대표적이다. 지금은 여러 유파로 나뉘어 있지만, 물의 흐름처럼 부드럽고 끊임이 없으며 유연하고 완만한 동작과 복식 호흡은 어느 유파나 동일한 기본적인 특징이다.

태극권의 이러한 기본 동작과 호흡의 조화는 혈액 순환을 원활히 하고 신체의 신진대사를 활발히 하여 오장육부를 강화시켜 신체 단련의 효과가 있으며, 태극권을 통한 정신 수련으로 사고력과 집중력을 향상시킬 수 있다. 또한 부드러움이 강함을, 고요함이 움직임을 제압하며 상대방의 공격에 대항하지 않고 그 힘을 이용해서 공격하는 호신술로도 유용하다.

태극권은 이와 같이 정신 수련, 신체 단련을 위해서뿐만 아니라 스포츠 종목으로도 인정을 받고 있다. 중국에서 가장 대중화된 전통 무술로서 많은 이들의 사랑을 받고 있으며 중국 정부에서도 전통문화 보전 차원에서 태극권을 적극적으로 보호, 육성하고 있다.

①, ② 공원에서 태극권을 수련 중인 중국 노인들과 외국인

祝你生日快乐!

생일 축하합니다!

1 생일 축하와 관련된 표현을 할 수 있다.

2 동작의 결과를 표현할 수 있다.

3 상황의 변화를 표현할 수 있다.

- 告诉 gàosu 〔동〕알리다, 말하다
- 做客 zuò kè 〔동〕손님이 되다, 방문하다
- 就要 jiùyào 〔부〕머지않아, 곧
- 送 sòng 〔동〕선물하다, 보내다
- 礼物 lǐwù 〔명〕예물, 선물
- 介绍 jièshào 〔동〕소개하다
- 老 lǎo 〔형〕오래되다, 옛부터의, 늙다
- 书 shū 〔명〕책
- 主意 zhǔyi 〔명〕방법, 생각, 의견
- 早 zǎo 〔형〕때가 이르다
- 快 kuài 〔부〕곧 ~하다, 빨리 〔형〕빠르다
- 快要 kuàiyào 〔부〕곧 ~하다, 머지않아 ~하다
- 关门 guān mén 〔동〕문을 닫다
- 新华书店 Xīnhuá Shūdiàn 〔고유〕신화서점
- 门口 ménkǒu 〔명〕입구, 현관
- 祝 zhù 〔동〕축원하다, 축하하다

- 快乐 kuàilè 〔형〕즐겁다, 유쾌하다
- 收下 shōuxià 〔동〕받아두다
- 里面 lǐmian 〔동〕안, 속
- 打开 dǎkāi 〔동〕열다, 풀다
- 希望 xīwàng 〔동〕희망하다
- 会 huì 〔조동〕~할 것이다
- 早就 zǎojiù 〔부〕훨씬 전에, 이미
- 已经 yǐjīng 〔부〕이미, 벌써
- 准备 zhǔnbèi 〔동〕준비하다
- 趁 chèn 〔개〕(때·기회를) 이용해서
- 尝 cháng 〔동〕맛보다
- 手艺 shǒuyì 〔명〕솜씨, 기술

리듬을 따라하며 문장의 구조를 자연스럽게 익혀 보세요.

🎧 03-02

祝你生日快乐!
Zhù nǐ shēngrì kuàilè!

생일 축하합니다!

♪ 快乐

生日快乐

祝你／生日快乐!

书店快关门了。
Shūdiàn kuài guān mén le.

서점은 곧 문을 닫을 거예요.

♪ 关门了

快关门了

书店／快关门了。

菜已经准备好了。
Cài yǐjīng zhǔnbèihǎo le.

요리는 이미 다 준비됐어요.

♪ 准备好了

已经／准备好了

菜／已经／准备好了。

大家快趁热吃吧。
Dàjiā kuài chèn rè chī ba.

모두들 어서 뜨거울 때 드세요.

♪ 吃吧

趁热／吃吧

大家／快趁热／吃吧。

1 .... 🎧 03-03

자오량 上个星期我见到娜贤，
Shàng ge xīngqī wǒ jiàndào Nàxián,

她告诉我这个星期六是她的生日。
tā gàosu wǒ zhè ge xīngqīliù shì tā de shēngrì.

린하이 她也给我打电话了，请我们去她家做客。
Tā yě gěi wǒ dǎ diànhuà le, qǐng wǒmen qù tā jiā zuò kè.

자오량 就要到星期六了，我们送她什么礼物好呢？
Jiùyào dào xīngqīliù le, wǒmen sòng tā shénme lǐwù hǎo ne?

린하이 她来中国不久，
Tā lái Zhōngguó bù jiǔ,

我们送她一本介绍老北京❶的书吧。
wǒmen sòng tā yì běn jièshào lǎo Běijīng de shū ba.

자오량 好主意❷，我们现在就去买吧。
Hǎo zhǔyi, wǒmen xiànzài jiù qù mǎi ba.

아하! 그렇구나!

❶ '老'는 형용사로 '늙다', '오래되다'라는 뜻이 있는데, 여기서 '老北京'은 '베이징의 옛 모습'을 말한다.

❷ "Good idea!", "좋은 생각이야!"라는 표현으로, 상대방의 의견에 동의할 때 쓴다.

린하이 时间不早了，书店快关门了。
Shíjiān bù zǎo le, shūdiàn kuài guān mén le.

明天再去吧。
Míngtiān zài qù ba.

자오량 那明天上午十点在新华书店门口见。
Nà míngtiān shàngwǔ shí diǎn zài Xīnhuá Shūdiàn ménkǒu jiàn.

2 · 🎧 03-04

자오량 娜贤，祝你生日快乐！
Nàxián, zhù nǐ shēngrì kuàilè!

린하이 这是我们送给你的礼物，请收下！
Zhè shì wǒmen sòng gěi nǐ de lǐwù, qǐng shōuxià!

나현 谢谢你们！这里面是什么？
Xièxie nǐmen! Zhè lǐmian shì shénme?

자오량 **你打开看看吧。希望你会❸喜欢。**
Nǐ dǎkāi kànkan ba. Xīwàng nǐ huì xǐhuan.

나현 **哇！这本书我早就想买，可是一直没买到。**
Wā! Zhè běn shū wǒ zǎojiù xiǎng mǎi, kěshì yìzhí méi mǎidào.

린하이 **你喜欢就好。**
Nǐ xǐhuan jiù hǎo.

나현 **菜已经准备好了，大家快趁热吃吧。**
Cài yǐjīng zhǔnbèihǎo le, dàjiā kuài chèn rè chī ba.

자오량 **这么多的菜！今天要好好儿尝尝你的手艺。**
Zhème duō de cài! Jīntiān yào hǎohāor chángchang nǐ de shǒuyì.

 아하! 그렇구나!

❸ STEP 1에서는 학습이나 연습에 의해 가능함을 나타내는 조동사 '会'의 용법을 배웠다.(STEP 1 131p 참조)
여기서 '会'는 추측이나 가능을 나타내는 용법으로 쓰였다.
예 他一定会来。그는 반드시 올 것이다.

어법 회화에 날개를 달다

결과보어

결과보어(结果补语)란 동작이나 상태에 의하여 야기된 결과를 나타내는 보어를 말한다.

上个星期我见到娜贤。
Shàng ge xīngqī wǒ jiàndào Nàxián.

菜已经准备好了。
Cài yǐjīng zhǔnbèihǎo le.

我们送给她一本书吧。
Wǒmen sònggěi tā yì běn shū ba.

她疼哭了。
Tā téngkū le.

疼 téng 동 아프다 | 哭 kū 동 울다

부정형은 동사 앞에 '没(有)'를 쓴다.

这本书一直没买到。
Zhè běn shū yìzhí méi mǎidào.

菜还没准备好。
Cài hái méi zhǔnbèihǎo.

주어진 단어를 어순에 맞게 배열하여 문장을 완성해 보세요.

① 到 / 找 / 那本书 → 你＿＿＿＿＿＿＿＿＿＿了吗?

② 一件礼物 / 送 / 他 / 给 → 我要＿＿＿＿＿＿＿＿＿＿。

③ 没 / 还 / 准备 / 礼物 / 好 → 我们＿＿＿＿＿＿＿＿＿＿。

어기조사 了

어기조사(语气助词)란 문장 끝에 붙여서 문장 전체와 관련된 상황, 말하는 이의 판단·감정 등을 나타내는 조사이다. 어기조사 '了'는 상황의 변화나 새로운 상황의 출현을 나타낸다.

时间不早了。
Shíjiān bù zǎo le.

菜已经准备好了。
Cài yǐjīng zhǔnbèihǎo le.

어기조사 '了'가 있는 문장과 없는 문장을 비교해보면, '了'가 상황의 변화를 나타냄을 명확히 알 수 있다.

A 你喝酒吗?
  Nǐ hē jiǔ ma?

B 我不喝。
  Wǒ bù hē.

我以前喝酒，现在不喝了。
Wǒ yǐqián hē jiǔ, xiànzài bù hē le.

酒 jiǔ 명 술

그림을 보고 어기조사 '了'를 넣어서 문장을 완성해 보세요.

①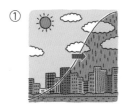

下雨

②

冷

③

高

④

抽烟

chōu yān 동 담배를 피우다

就要……了/快(要)……了

'就要……了', '快(要)……了'는 가까운 미래에 곧 어떤 상황이 발생할 것임을 나타낼 때 쓰는 표현이다. 여기에서 '了'는 상황의 변화를 나타내는 어기조사이다.

就要到星期六了。
Jiùyào dào xīngqīliù le.

快要到火车站了。
Kuàiyào dào huǒchēzhàn le.

'快要……了'는 '快……了'로 말할 수도 있다.

书店快要关门了。
Shūdiàn kuàiyào guān mén le.

书店快关门了。
Shūdiàn kuài guān mén le.

'就要……了'는 앞에 시간명사가 부사어로 쓰일 수 있지만 '快(要)……了'는 앞에 시간명사가 올 수 없다.

他明天就要回国了。 (O)
Tā míngtiān jiùyào huí guó le.

他明天快要回国了。 (X)
Tā míngtiān kuàiyào huí guó le.

'就要……了'나 '快要……了'를 이용하여 각 그림을 설명해 보세요.

①

下雨

②

三点 / 下课

③

明天 / 搬家
bān jiā 동 이사하다

1

书店快关门了。

他 tā	到 dào
天 tiān	黑 hēi
爷爷 yéye	八十 bāshí

• 黑 hēi 어둡다

2

这本书我早就想买，可是一直没买到。

这道菜 zhè dào cài	吃 chī
这个人 zhè ge rén	见 jiàn
那种酒 nà zhǒng jiǔ	喝 hē

• 种 zhǒng 종류

3

菜已经准备好了。

话 huà	说完 shuōwán
钱 qián	花光 huāguāng
信 xìn	写好 xiěhǎo
饭 fàn	吃饱 chībǎo

• 话 huà 말, 이야기 • 完 wán 끝나다 • 花 huā 쓰다, 소비하다 • 光 guāng 조금도 남지 않다, 아무 것도 없다

1 녹음을 듣고 녹음 내용과 일치하면 O, 일치하지 않으면 X를 표시해 보세요. 🎧 03-06

(1) 雨林来这儿已经一年了。 (　　)

(2) 雨林一年前会说汉语。 (　　)

(3) 这个暑假雨林要回国。 (　　)

(4) 雨林说学汉语很有意思。 (　　)

2 보기 의 결과보어 표현을 이용하여 주어진 그림을 중국어로 표현해 보세요.

보기
| 准备好 | 喝光 | 买到 | 见到 |

(1)

_____

(2)

_____

(3)

_____

(4)

_____

3 주어진 대화문의 빈칸에 알맞은 말을 보기 에서 골라 넣고 대화해 보세요.

> **보기**
>
> 他去朋友家玩儿了   十一岁了   时间过得真快
> ⤷ guò 동 지나다, 경과하다

A 好久没见到你了，今年多大了？

B ＿＿＿＿＿＿＿＿＿＿＿＿。

A ＿＿＿＿＿＿＿＿＿＿＿＿，你都这么大了，个子高了，比以前更漂亮了。
　　　　　　　　⤷ dōu 부 벌써

B 谢谢您！

A 那你弟弟九岁了吧？

B 是的。

A 他去哪儿了？

B ＿＿＿＿＿＿＿＿＿＿＿＿。

4 이 과에서 배운 표현을 활용하여 친구와 함께 대화해 보세요.

A ＿＿＿＿＿＿＿＿打电话说这个星期五是他的生日。

B 他也给我打电话了。你准备好礼物了吗？

A 还没准备好呢。我想送他＿＿＿＿＿＿＿＿＿＿。你呢？

B 我想送他＿＿＿＿＿＿＿＿＿＿。

A 我们一起去买吧，怎么样？

B 好。

중국인이 싫어하는 선물은?

우리나라 사람들에게는 시계를 선물하는 것이 흔한 일이지만, 중국인들은 시계 선물을 꺼린다. 특히 괘종시계나 탁상시계 선물을 금기시한다. 왜냐하면 탁상시계나 괘종시계를 중국어로 '钟 zhōng'이라고 하는데, '시계를 선물하다(送钟 sòng zhōng)'라는 단어의 발음이 '장례를 치르다(送终 sòng zhōng)'라는 단어의 발음과 동일하기 때문에 꺼림칙하게 생각하는 것이다.

우리나라에서는 연인들 간에 신발은 선물하지 않는다. 연인이 선물 받은 신발을 신고 도망갈 것이라는 생각 때문이다. 중국에서는 부부나 연인들 간에 배를 함께 나누어 먹지 않는다. 이는 '배를 나누다'라는 의미의 '分梨 fēn lí'가 '헤어지다'라는 의미의 '分离 fēnlí'와 발음이 동일하기 때문이다. 때문에 배는 병문안을 갈 때에도 피하는 과일이다. 과일을 선물하려고 한다면 사과가 좋다. 이는 '사과'를 뜻하는 '苹果 píngguǒ'가 '평안하다', '무사하다'라는 의미의 '平安 píng'ān'을 연상시키기 때문이다.

그리고 우리나라에서는 결혼식 답례품으로 우산을 선물하기도 하는데 중국에서는 우산 역시 선물로 적당하지 않다. 우산을 뜻하는 '伞 sǎn'이 '흩어지다', '해산하다'라는 의미의 '散 sàn'과 발음이 비슷하기 때문이다.

'헤어지다'라는 의미의 단어와 발음이 같아 연인끼리 나누어 먹지 않는다는 배

평안을 의미하기 때문에 선물로 애용되는 사과

죽음의 의미가 있어 선물로는 절대 쓰이지 않는 시계

04

我头疼。

저는 머리가 아파요.

이 과의 학습 목표

1

아플 때 하는 다양한 표현을 말할 수 있다.

2

주술술어문을 이해한다.

3

동작의 횟수를 표현할 수 있다.

단어 시작이 반이다

- 舒服 shūfu 휑 편안하다, 상쾌하다
- 头疼 tóu téng 휑 머리가 아프다
- 嗓子 sǎngzi 몡 목(구멍), 목소리
- 有点(儿) yǒudiǎn(r) 囝 조금, 약간
- 流 liú 동 흐르다
- 鼻涕 bítì 몡 콧물
- 感冒 gǎnmào 몡 감기 동 감기에 걸리다
- 药 yào 몡 약, 약물
- 次 cì 앵 번, 횟수
- 片 piàn 앵 [얇고 작은 사물이나 작게 잘라진 부분을 세는 단위]
- 恐怕 kǒngpà 囝 (나쁜 결과를 예상해서) 아마 ~일 것이다
- 替 tì 개 ~를 위하여 동 대신하다
- 说一声 shuō yì shēng 동 한마디 하다
- 没问题 méi wèntí 문제없다
- 平时 píngshí 몡 보통 때, 평소
- 用功 yònggōng 동 (공부에) 힘쓰다, 노력하다, 열심히 공부하다

- 机会 jīhuì 몡 기회
- 休息 xiūxi 동 쉬다
- 都 dōu 囝 모두, 다
- 接 jiē 동 받다, 접수하다, 맞이하다
- 回 huí 앵 [일을 세는 단위] 동 돌아가다, 돌아오다
- 事 shì 몡 일
- 整天 zhěngtiān 몡 온종일
- 好 hǎo 휑 (병이) 다 낫다
- 盒 hé 앵 갑 몡 통, 함, 갑
- 灵 líng 휑 효과가 있다, 잘 듣다
- 其实 qíshí 囝 사실은, 실제는
- 治 zhì 동 치료하다, 다스리다
- 打针 dǎ zhēn 동 주사를 놓다
- 早晚 zǎowǎn 몡 아침과 저녁 囝 조만간
- 温差 wēnchā 몡 온도 차
- 小心 xiǎoxīn 동 조심하다, 주의하다
- 别 bié 囝 ~하지 마라 휑 다른

리듬을 따라하며 문장의 구조를 자연스럽게 익혀 보세요. 🎧 04-02

1

你哪儿不舒服？
Nǐ nǎr bù shūfu?
어디가 불편하세요?

♪ 不舒服
哪儿／不舒服
你／哪儿／不舒服？

2

嗓子有点儿不舒服。
Sǎngzi yǒudiǎnr bù shūfu.
목이 좀 안 좋습니다.

♪ 不舒服
有点儿／不舒服
嗓子／有点儿／不舒服。

3

这药一天吃几次？
Zhè yào yìtiān chī jǐ cì?
이 약은 하루에 몇 번 먹습니까?

♪ 吃几次
一天／吃几次
这药／一天／吃几次？

4

你要小心别感冒。
Nǐ yào xiǎoxīn bié gǎnmào.
감기에 걸리지 않도록 조심하세요.

♪ 别感冒
要／小心／别感冒
你要／小心／别感冒。

1 ··· 🎧 04-03

우림 　你怎么了？哪儿不舒服？
　　　Nǐ zěnme le? Nǎr bù shūfu?

나현 　我头疼，嗓子也有点儿不舒服，还一直流鼻涕。
　　　Wǒ tóu téng, sǎngzi yě yǒudiǎnr bù shūfu, hái yìzhí liú bítì.

우림 　你是不是感冒了？
　　　Nǐ shì bu shì gǎnmào le?

　　　我这儿有感冒药，你试试!
　　　Wǒ zhèr yǒu gǎnmàoyào, nǐ shìshi!

나현 　这药一天吃几次？
　　　Zhè yào yìtiān chī jǐ cì?

우림 　一天三次，一次两片。
　　　Yìtiān sān cì, yí cì liǎng piàn.

나현 　谢谢。今天我恐怕不能去上课了。
　　　Xièxie. Jīntiān wǒ kǒngpà bù néng qù shàng kè le.

　　　你替我跟老师说一声吧。
　　　Nǐ tì wǒ gēn lǎoshī shuō yì shēng ba.

우림 　没问题。你平时学习这么用功，
　　　Méi wèntí. Nǐ píngshí xuéxí zhème yònggōng,

趁这机会好好儿休息休息吧。
chèn zhè jīhuì hǎohāor xiūxi xiūxi ba.

.... 🎧04-04

자오량　娜贤，昨天我给你打了两次电话，你都没接，
　　　　Nàxián, zuótiān wǒ gěi nǐ dǎ le liǎng cì diànhuà, nǐ dōu méi jiē,

　　　　怎么回事❶?
　　　　zěnme huí shì?

나현　　我感冒了。吃了药，睡了一整天。
　　　　Wǒ gǎnmào le. Chī le yào, shuì le yì zhěngtiān.

자오량　现在怎么样？好点儿了吗？
　　　　Xiànzài zěnmeyàng? Hǎodiǎnr le ma?

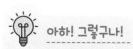 아하! 그렇구나!

❶ '怎么回事'는 '怎么一回事'에서 '一'가 생략된 형태로, '어찌된 일인가'를 묻는 표현이다.

나현 雨林给了我一盒药，还真灵，
Yǔlín gěi le wǒ yì hé yào, hái zhēn líng,

吃了三次，就好了。
chī le sān cì, jiù hǎo le.

자오량 其实治感冒没什么药，多喝水、多休息。
Qíshí zhì gǎnmào méi shénme yào, duō hē shuǐ、duō xiūxi.

나현 对了❷! 你妈妈现在身体怎么样？
Duì le! Nǐ māma xiànzài shēntǐ zěnmeyàng?

자오량 她打了两次针，吃了几天药，
Tā dǎ le liǎng cì zhēn, chī le jǐ tiān yào,

现在感冒差不多都好了。
xiànzài gǎnmào chàbuduō dōu hǎo le.

나현 最近早晚温差大，
Zuìjìn zǎowǎn wēnchā dà,

你也要小心别感冒。
nǐ yě yào xiǎoxīn bié gǎnmào.

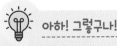 아하! 그렇구나!

❷ 상황의 변화를 나타내는 '了'가 쓰여서 새로운 상황이 생각날 때 쓰이는 표현이다. 우리말의 "맞다!", "참!"처럼 대개 화제를 바꿀 때 쓴다.

주술술어문

주술술어문이란 문장 전체의 술어가 「주어+술어」의 구조로 이루어진 문장을 말한다.

我身体很好。
Wǒ shēntǐ hěn hǎo.

我头疼，嗓子也不舒服。
Wǒ tóu téng, sǎngzi yě bù shūfu.

질문에 주술술어문으로 대답해 보세요.

① 你工作忙不忙? → _____

② 他学习用功不用功? → _____

③ 你嗓子疼不疼? → _____

④ 他个子高不高? → _____

동량보어

동량보어(动量补语)란 동사의 뒤에 쓰여 동작의 횟수를 나타내는 보어를 말한다.

这药一天吃几次?
Zhè yào yìtiān chī jǐ cì?

吃了三次，就好了。
Chī le sān cì, jiù hǎo le.

목적어가 명사일 때 동량보어는 목적어 앞에 오고, 목적어가 대사일 때 동량보어는 목적어 뒤에 온다.

她打了两次针。
Tā dǎ le liǎng cì zhēn.

昨天我找了你三次。
Zuótiān wǒ zhǎo le nǐ sān cì.

我一天吃三次药。 →명사 목적어
Wǒ yìtiān chī sān cì yào.

今天我去看了他一次。 →대사 목적어
Jīntiān wǒ qù kàn le tā yí cì.

주어진 단어를 어순에 맞게 배열하여 문장을 완성해 보세요.

① 两次 / 日本菜 / 吃过 → 我 _____。

② 一下 / 你的电话 / 用 → 我可以 _____吗?

③ 见过 / 一次 / 她 → 我在中国 _____。

有(一)点儿/(一)点儿

'有(一)点儿'은 형용사 앞에 쓰여 정도가 약함을 나타내며 주로 부정적인 상황에 쓰인다.

嗓子也有点儿**不舒服**。
Sǎngzi yě yǒudiǎnr bù shūfu.

他今天有点儿**不高兴**。
Tā jīntiān yǒudiǎnr bù gāoxìng.

'(一)点儿'은 형용사 뒤에 쓰여 비교의 결과, 혹은 기준보다 '좀 ~하다'라는 의미로 쓰인다.

好点儿了吗?
Hǎodiǎnr le ma?

他比我高一点儿。
Tā bǐ wǒ gāo yìdiǎnr.

'(一)点儿'은 '좀', '조금'의 의미로, 명사를 수식하여 양이 적음을 나타내기도 한다.

我喝了一点儿**水**。
Wǒ hē le yìdiǎnr shuǐ.

今天我买了一点儿**东西**。
Jīntiān wǒ mǎi le yìdiǎnr dōngxi.

东西 dōngxi 명 물건

주어진 문장의 빈칸에 '有(一)点儿'이나 '(一)点儿' 중 알맞은 표현을 넣어 보세요.

① 今天比昨天冷_____。

② 这件衣服_____大，请给我一件小_____的。

③ A 今天我嗓子_____疼。

　　B 你要多喝_____水。

④ 以前我们的关系_____不太好，现在好_____了。

표현 가지를 치다

1 她打了两次针。

打 dǎ	电话 diànhuà
做 zuò	手术 shǒushù
去 qù	美国 Měiguó

• 手术 shǒushù 수술

2 嗓子有点儿不舒服。

头 tóu	疼 téng
肚子 dùzi	痛 tòng
眼睛 yǎnjing	肿 zhǒng

• 肚子 dùzi 배 • 痛 tòng 아프다 • 眼睛 yǎnjing 눈 • 肿 zhǒng 붓다

3 你要小心别感冒。

滑倒 huádǎo
吵醒他 chǎoxǐng tā
打碎杯子 dǎsuì bēizi

• 滑倒 huádǎo 미끄러져 넘어지다 • 吵醒 chǎoxǐng 떠들어서 잠을 깨우다 • 打碎 dǎsuì 깨뜨리다 • 杯子 bēizi 컵

1 녹음을 듣고 녹음 내용과 일치하면 O, 일치하지 않으면 X를 표시해 보세요. 🎧 04-06

(1) 昨天是赵亮的生日。 （   ）

(2) 昨天赵亮吃了日本菜。 （   ）

(3) 赵亮肚子不舒服。 （   ）

(4) 赵亮现在就要去买药。 （   ）

2 밑줄 친 부분에 약의 복용법을 중국어로 옮겨 보세요.

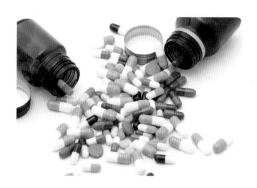

복 용 법	1일	1회	복용 기간
	3회	2알	3일

这药＿＿＿＿＿＿＿＿＿＿＿＿＿＿＿＿＿＿。

3 주어진 대화문의 빈칸에 알맞은 말을 보기 에서 골라 넣고 대화해 보세요.

보기

你也考过吗　　　没考过HSK吗　　　最近学习忙吗
　　　→kǎo 동 시험 보다

A 你_____?

B 太忙了。我正在准备HSK呢。

A 你以前_____?

B 考过一次，可是成绩不太好，我想再考一次。_____?
　　　　　　　→chéngjì 명 성적

A 我考过两次。

4 이 과에서 배운 표현과 보기 의 단어를 활용하여 친구와 함께 대화해 보세요.

보기

头疼　　　发烧　　　感冒　　　身体不舒服
　　　→fā shāo 동 열이 나다

A 昨天你怎么没来上课?

B 昨天我_____。

A 现在怎么样了? 好点儿了吗?

B _____。

A 你吃药了吗?

B 吃了。

중국 병원 이용하기

중국에서는 병원을 '医院 yīyuàn'이라고 부른다. 병원의 종류는 서양 의학을 위주로 하는 '西医医院 xīyī yīyuàn'과 한방을 위주로 하는 '中医医院 zhōngyī yīyuàn', 그리고 이 두 가지를 병행하는 '中西医结合医院 zhōngxīyī jiéhé yīyuàn'으로 나뉜다. 진료과는 우리나라와 마찬가지로 여러 과의 진료를 모두 보는 종합 병원과 특정 과의 진료만을 보는 전문 병원이 있다. 병원에서의 접수와 진찰 및 처방 과정은 다음과 같다.

우선 접수처에 가서 진료 카드를 사서 접수를 한다. 접수를 할 때는 일반 진료에 해당하는 '普通号 pǔtōnghào'와 선택 진료에 해당하는 '专家号 zhuānjiāhào' 중에서 하나를 택한다. 의사에게 진료를 받은 후 처방전을 갖고 수납창구에서 약값을 지불하고, 병원 내의 약국에서 약을 받는다. 처방은 양약인 '西药 xīyào'와 한약인 '中药 zhōngyào'로 나뉘어 있으며, 병원에 따라서는 동시에 처방하는 경우도 있다.

그러나 최근 현재 중국의 대형 병원은 셀프 예약 및 접수를 할 수 있는 키오스크를 설치한 경우가 많고, 결제도 모바일 어플리케이션을 사용할 수 있는 경우가 늘어나고 있다. 현장 접수가 아닌 인터넷을 통한 진료 예약이 가능한 곳들도 생겼고, 앞으로 이러한 서비스는 점점 확대될 것으로 예상된다. 이러한 시스템을 이용하면 모바일 어플리케이션으로 미리 예약을 하고 진료 시간에 맞춰 병원을 방문할 수 있기에 병원에 미리 가서 번호표를 받고 기다리지 않아도 된다. 심지어 진료를 받은 후에는 모바일로 진료비 지불과 진료 결과 확인을 할 수 있는 서비스도 생겨나고 있다.

중국의 한 대학 병원의 전경

키오스크를 이용해 셀프 예약 및 수납을 하는 사람들

05

你在这儿等着，
我去买票。

당신은 여기서 기다리고 있어요.
나는 표를 사러 갈게요.

이 과의 학습 목표

1 약속하기, 표 사기 등 여러 가지 일상 표현을 할 수 있다.

2 동작의 지속을 나타내는 표현을 할 수 있다.

3 반어문으로 말할 수 있다.

- 修 xiū 〔동〕수리하다

- 自行车 zìxíngchē 〔명〕자전거

- 刚才 gāngcái 〔명〕지금, 방금, 이제, 막

- 骑车 qí chē 〔동〕자전거를 타다

- 出去 chūqu 〔동〕(안에서 밖으로) 나가다, 외출하다

- 轮胎 lúntāi 〔명〕타이어

- 爆 bào 〔동〕펑크 나다, 터지다

- 没事 méi shì 괜찮다

- 电影 diànyǐng 〔명〕영화

- 流浪地球 Liúlàng Dìqiú 〔고유〕유랑지구 [영화명]

- 部 bù 〔양〕[서적·영화 따위를 세는 단위]

- 等 děng 〔동〕기다리다

- 散 sàn 〔동〕흩어지다, 분산하다

- 着 zhe 〔조〕~하고 있다, ~하고 있는 중이다

- 对 duì 〔개〕~에게, ~을 향하여

- 售票员 shòupiàoyuán 〔명〕매표원

- 张 zhāng 〔양〕[종이·책상·침대 따위의 넓은 표면을 가진 것을 세는 단위]

- 拿 ná 〔동〕(손에) 쥐다, 가지다

- 洗手间 xǐshǒujiān 〔명〕화장실

- 小卖部 xiǎomàibù 〔명〕매점

- 找 zhǎo 〔동〕찾다, 구하다

- 钱包 qiánbāo 〔명〕돈지갑

- 地上 dìshang 〔명〕땅바닥

- 哦 ò 〔감〕아! 오!

- 总算 zǒngsuàn 〔부〕마침내, 드디어

- 担心 dān xīn 〔동〕염려하다, 걱정하다

- 口袋 kǒudai 〔명〕호주머니

리듬을 따라하며 문장의 구조를 자연스럽게 익혀 보세요. 🎧05-02

1

你在这儿等着。

Nǐ zài zhèr děng zhe.

당신은 여기서 기다리고 있어요.

♪ 等着

在这儿／等着

你在这儿／等着

2

我去一下洗手间。

Wǒ qù yíxià xǐshǒujiān.

저는 화장실 좀 다녀올게요.

♪ 洗手间

去一下／洗手间

我／去一下／洗手间。

3

我的钱包不见了。

Wǒ de qiánbāo bú jiàn le.

제 지갑이 안 보여요.

♪ 不见了

钱包／不见了

我的钱包／不见了。

4

那个钱包不是你的吗?

Nà ge qiánbāo bú shì nǐ de ma?

저 지갑 당신 것 아닌가요?

♪ 你的吗

不是／你的吗

那个钱包／不是／你的吗?

1 ··· 🎧 05-03

린하이 雨林，你做什么呢？
　　　Yǔlín, nǐ zuò shénme ne?

우림 我正在修自行车。
　　　Wǒ zhèngzài xiū zìxíngchē.

　　　刚才我骑车出去，轮胎爆了。
　　　Gāngcái wǒ qí chē chūqu, lúntāi bào le.

린하이 你没事吧？
　　　Nǐ méi shì ba?

우림 没事。
　　　Méi shì.

린하이 你没事就好。明晚我和赵亮去看
　　　Nǐ méi shì jiù hǎo. Míng wǎn wǒ hé Zhào Liàng qù kàn

　　　电影《流浪地球》，你去不去？
　　　diànyǐng 《Liúlàng Dìqiú》, nǐ qù bu qù?

우림   我早就想看那部电影。
Wǒ zǎojiù xiǎng kàn nà bù diànyǐng.

린하이   那我们明晚❶六点在学校门口等你，
Nà wǒmen míng wǎn liù diǎn zài xuéxiào ménkǒu děng nǐ,

不见不散❷!
bú jiàn bú sàn!

2   🎧 05-04

린하이   你在这儿等着，我去买票。
Nǐ zài zhèr děng zhe, wǒ qù mǎi piào.

(对售票员)《流浪地球》，八点的，三张!
(duì shòupiàoyuán)《Liúlàng Dìqiú》, bā diǎn de, sān zhāng!

你拿着，我去一下洗手间。
Nǐ ná zhe, wǒ qù yíxià xǐshǒujiān.

자오량   快点儿! 雨林在小卖部门口等着我们呢。
Kuài diǎnr! Yǔlín zài xiǎomàibù ménkǒu děng zhe wǒmen ne.

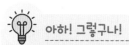
아하! 그렇구나!

❶ '明晚'은 '내일 저녁'이라는 뜻으로 '明天晚上'을 간단히 줄인 표현이다.

❷ '만나지 않으면(不见) 헤어지지 않는다(不散)'라는 뜻으로, 만날 때까지 기다리겠다는 표현이다.

린하이 你在找什么?

Nǐ zài zhǎo shénme?

자오량 我的钱包不见了。

Wǒ de qiánbāo bú jiàn le.

린하이 地上的那个钱包不是你的吗?

Dìshang de nà ge qiánbāo bú shì nǐ de ma?

자오량 哦,是我的。总算找到了。

Ò, shì wǒ de. Zǒngsuàn zhǎodào le.

린하이 我们的票呢?

Wǒmen de piào ne?

자오량 别担心,你看,就在我的口袋里。

Bié dān xīn, nǐ kàn, jiù zài wǒ de kǒudai li.

시태조사 着

시태조사 '着'는 동사 뒤에 쓰여 동작이 지속되거나 동작의 결과 어떤 상태가 지속됨을 나타낸다.

雨林在小卖部门口等着我们呢。
Yǔlín zài xiǎomàibù ménkǒu děng zhe wǒmen ne.

他手里拿着一本书。
Tā shǒu li ná zhe yì běn shū.

手 shǒu 명 손

'在'가 동작의 진행만을 나타낼 수 있는 반면, '着'는 동작 자체의 지속뿐만 아니라 동작 이후에 어떤 상태가 지속됨을 나타낼 수 있다.

她在看电视。
Tā zài kàn diànshì.

桌子上在放一本书。(X)
Zhuōzi shang zài fàng yì běn shū.

她看着电视吃水果。
Tā kàn zhe diànshì chī shuǐguǒ.

桌子上放着一本书。(O)
Zhuōzi shang fàng zhe yì běn shū.

水果 shuǐguǒ 명 과일

주어진 단어와 '着'를 이용하여 그림의 상황을 말해 보세요.

①

门 / 开 → _____

②

穿 / 裙子 → _____
┌→ qúnzi 명 치마
chuān 동 입다

③

椅子 / 坐　→　_____
↓
yǐzi 명 의자

반어문

반어문(反问句)이란 부정의 의문 형식을 통하여 강하게 긍정하거나 긍정의 의문 형식을 통하여 강하게 부정하는 문장 형식을 말한다.

地上的那个钱包不是你的吗? Dìshang de nà ge qiánbāo bú shì nǐ de ma?	→ **地上的那个钱包是你的。** Dìshang de nà ge qiánbāo shì nǐ de.
这是你的吗? Zhè shì nǐ de ma?	→ **这不是你的。** Zhè bú shì nǐ de.

주어진 문장을 반어문 형식으로 바꿔보세요.

① 他是你的同学。

　→　_____

② 你不认识我。

　→　_____

③ 那个电影没有意思。

　→　_____

🎧 05-05

1 雨林在小卖部门口等着我们呢。

教室里 jiàoshì li	唱 chàng	歌 gē
房间里 fángjiān li	听 tīng	音乐 yīnyuè
家里 jiā li	做 zuò	饭 fàn

• 教室 jiàoshì 교실 • 房间 fángjiān 방 • 做饭 zuò fàn 밥을 짓다

2 那个钱包不是你的吗?

你 nǐ	她的汉语老师 tā de Hànyǔ lǎoshī
明天 míngtiān	你的生日 nǐ de shēngrì
他 tā	你弟弟 nǐ dìdi

3 我的钱包不见了。

他 tā
孩子 háizi
我的书 wǒ de shū

• 孩子 háizi 아이

1 녹음을 듣고 녹음 내용과 일치하면 O, 일치하지 않으면 X를 표시해 보세요. 🎧 05-06

(1) 雨林昨天没来上课。　　　　　　　　(　)

(2) 他们都感冒了。　　　　　　　　　　(　)

(3) 他们打算这个星期天去找王老师。　　(　)

(4) 他们打算在图书馆门口见。　　　　　(　)

2 나현의 방을 나타낸 그림입니다. '着'를 사용하여 방안의 모습을 묘사해 보세요.

(1) 门＿＿＿＿＿＿＿＿＿＿＿＿。　　　(2) 窗户＿＿＿＿＿＿＿＿＿＿＿＿。

(3) 电视＿＿＿＿＿＿＿＿＿＿。　　　　(4) 桌子上＿＿＿＿＿＿＿＿＿＿＿。

3 주어진 대화문의 빈칸에 알맞은 말을 보기 에서 골라 넣고 대화해 보세요.

보기

你们做什么呢　　　　我现在可以去找你们吗　　　　你在哪儿

A 喂! 雨林!_____?

B 我在赵亮家。

A _____?

B 我们正听着音乐看书呢。

A _____?

B 你等着，我去问一下赵亮。…… 他说没问题。你快来吧。

A 好，我马上去。
└→mǎshàng 뛰 곧, 즉시

4 이 과에서 배운 표현을 활용하여 친구와 함께 대화해 보세요.

A 你在找什么?

B _____不见了。

A 会不会在别的地方? 你去_____找过吗?
　　　　　　　　　　└→dìfang 명 장소, 곳

B 找过。

A 地上的那个_____不是你的吗?

B 哦，是我的。总算找到了。

중국의 영화

과거에 중국 영화 하면 떠오르는 것이 무술 영화일 정도로 홍콩의 무술 영화가 우리나라에서 큰 붐을 일으킨 적이 있다. 홍콩 영화는 중화인민공화국이 수립되면서 홍콩으로 옮겨온 감독과 배우에 의하여 전성기를 누렸다. 홍콩 영화의 대표적인 액션스타로는 리샤오롱(李小龙 Lǐ Xiǎolóng)이 있고, 그 뒤를 이어 청룽(成龙 Chéng Lóng), 리롄제(李连杰 Lǐ Liánjié) 등의 무술 영화가 큰 인기를 끌었다.

1992년 중국과 국교가 수립된 이후, 중국 대륙의 영화도 우리나라에 많이 소개되었다. 이제 중국 영화는 장르도 다양해지고 작품성 높은 작품들도 많아졌다. 장이모우(张艺谋 Zhāng Yìmóu), 천카이거(陈凯歌 Chén Kǎigē) 감독 등은 중국의 전통이나 역사와 관련된 예술 높은 작품들을 많이 만들었다. 특히 천카이거 감독의 패왕별희(霸王别姬 Bàwángbiéjī)가 1994년 칸 영화제에서 파르므도르 상을 수상하는 등 여러 감독의 작품들이 세계 영화계에서 작품성을 인정받았다. 그후 신세대 감독들이 중국의 현실을 반영한 작품으로 세계적인 주목을 받고 있다. 쟈장커(贾樟柯 Jiǎ Zhāngkē) 감독의 「스틸라이프 三峡好人 Sānxiá Hǎorén」, 쟝원(姜文 Jiāng Wén)감독의 「햇빛 쏟아지는 날들 阳光灿烂的日子 Yángguāng cànlàn de rìzi」 등이 대표적이다. 최근에는 「유랑지구 流浪地球 Liúlàng Dìqiú」와 같은 SF 영화도 만들어지면서 중국 영화의 새로운 지평선을 열었다.

중국 기업들의 경쟁적인 투자로 중국 영화 산업은 급속도로 성장하고 있어서 앞으로가 더 기대된다.

베이징에 위치한 중국 영화 박물관. 중국 영화 및 관련 소품과 장비 등을 전시한다.

중국의 영화 포스터

06

那些画儿都
画得好极了。

그 그림들은 정말 잘 그렸어요.

이 과의 학습 목표

1
부정사 '没'의 용법을 이
해하고 말할 수 있다.

2
정도를 나타내는 표현
을 할 수 있다.

- 展览馆 zhǎnlǎnguǎn 몡 전시관

- 画展 huàzhǎn 몡 회화 전시회

- 画 huà 통 (그림을) 그리다

- 画儿 huàr 몡 그림

- 极了 jíle 부 매우, 몹시

- 了解 liǎojiě 통 잘 알다, 이해하다

- 风格 fēnggé 몡 풍격, 태도나 방법

- 陪 péi 통 모시다, 동반하다, ~의 곁에서 도와주다

- 完 wán 통 완성하다, 다하다

- 全聚德 Quánjùdé 고유 취엔쥐더 [베이징의 유명한 오리구이점]

- 烤鸭 kǎoyā 몡 통오리구이

- 没 méi 부 (아직) ~않다

- 决定 juédìng 통 정하다, 결정하다

- 晚 wǎn 형 늦다

- 见面 jiàn miàn 통 만나다, 대면하다

- 路上 lùshang 몡 도중

- 堵 dǔ 통 막다, 가로막다

- 厉害 lìhai 형 대단하다, 심하다

- 公交车 gōngjiāochē 몡 버스

- 地铁 dìtiě 몡 지하철

- 挤 jǐ 통 비집다, 밀치다

- 上班 shàng bān 통 출근하다

- 下班 xià bān 통 퇴근하다

- 上下班 shàngxiàbān 몡 통 출퇴근(하다)

- 高峰 gāofēng 몡 최고점, 절정

- 高峰时间 gāofēng shíjiān 러시아워(rush hour), 혼잡 시간

- 还是 háishi 부 아직도, 여전히, 그래도

- 比较 bǐjiào 부 비교적

- 下次 xiàcì 몡 다음번

- 注意 zhùyì 통 주의하다, 조심하다

- 提前 tíqián 통 (예정된 시간이나 기한을) 앞당기다

- 出发 chūfā 몡 통 출발(하다)

리듬을 따라하며 문장의 구조를 자연스럽게 익혀 보세요.   🎧 06-02

我最近一直没吃烤鸭。
Wǒ zuìjìn yìzhí méi chī kǎoyā.
저는 요즘 계속 오리구이를 못 먹었습니다.

♪ 没吃烤鸭
一直／没吃烤鸭
我最近／一直／没吃烤鸭。

那就这么决定了！
Nà jiù zhème juédìng le!
그러면 이렇게 정한 거예요!

♪ 决定了
这么决定了
那就／这么决定了！

地铁站人多极了。
Dìtiězhàn rén duō jíle.
지하철역에 사람이 너무 많습니다.

♪ 多极了
人／多极了
地铁站／人／多极了。

还是坐地铁比较好。
Háishi zuò dìtiě bǐjiào hǎo.
그래도 지하철을 타는 것이 비교적 낫습니다.

♪ 比较好
坐地铁／比较好
还是／坐地铁／比较好。

1 ⋯⋯⋯⋯⋯⋯⋯⋯⋯⋯⋯⋯⋯⋯⋯⋯⋯⋯⋯⋯⋯⋯⋯⋯⋯⋯ 🎧 06-03

나현　最近北京展览馆有个画展，
Zuìjìn Běijīng Zhǎnlǎnguǎn yǒu ge huàzhǎn,

听说那些画儿都画得好极了。
tīngshuō nàxiē huàr dōu huà de hǎo jíle.

자오량　你喜欢看画儿吗？
Nǐ xǐhuan kàn huàr ma?

나현　喜欢，我想了解一下中国画儿的风格。
Xǐhuan, wǒ xiǎng liǎojiě yíxià Zhōngguóhuàr de fēnggé.

明天你陪我去好吗？
Míngtiān nǐ péi wǒ qù hǎo ma?

자오량　明天我忙得很，恐怕没时间。
Míngtiān wǒ máng de hěn, kǒngpà méi shíjiān.

나현   那后天怎么样？
Nà hòutiān zěnmeyàng?

看完画展我们一起去全聚德吃烤鸭。
Kànwán huàzhǎn wǒmen yìqǐ qù Quánjùdé chī kǎoyā.

자오량   好主意！我最近一直没吃烤鸭。
Hǎo zhǔyi! Wǒ zuìjìn yìzhí méi chī kǎoyā.

나현   那就这么决定了！
Nà jiù zhème juédìng le!

2   🎧 06-04

나현   真对不起，我来晚了。
Zhēn duìbuqǐ, wǒ láiwǎn le.

자오량   说好五点见面，我差一刻五点就到了，
Shuō hǎo wǔ diǎn jiàn miàn, wǒ chà yí kè wǔ diǎn jiù dào le,

你怎么五点半才来？
nǐ zěnme wǔ diǎn bàn cái lái?

나현   没想到路上车堵得这么厉害！
Méi xiǎngdào lùshang chē dǔ de zhème lìhai!

자오량   你坐公交车了？怎么没坐地铁？
Nǐ zuò gōngjiāochē le? Zěnme méi zuò dìtiě?

나현　地铁站人多极了，没挤上。

Dìtiězhàn rén duō jíle, méi jǐ shàng.

자오량　上下班高峰时间，还是坐地铁比较好❶。

Shàngxiàbān gāofēng shíjiān, háishi zuò dìtiě bǐjiào hǎo.

나현　下次我一定注意提前出发。

Xiàcì wǒ yídìng zhùyì tíqián chūfā.

 아하! 그렇구나!

❶ 「还是……好」는 몇 가지 선택 사항 가운데 그래도 어떤 것(……)이 낫다고 할 때 쓰는 표현이다.
예 还是喝茶好。그래도 차를 마시는 것이 낫다.

부정사 没(有)

'没(有)'는 사건이나 동작이 발생하지 않았거나 종결되지 않았음을 나타낸다. '没(有)'가 동작의 완료를 부정할 때는 '了'를 함께 사용하지 않는다.

我最近一直没吃烤鸭。
Wǒ zuìjìn yìzhí méi chī kǎoyā.

怎么没坐地铁？
Zěnme méi zuò dìtiě?

我还没买了礼物。(X)
Wǒ hái méi mǎi le lǐwù.

동사 뒤에 결과보어가 올 때에도 동작의 완료를 통한 결과를 나타내므로 '没(有)'로 부정한다.
(3과 '결과보어' 설명 참조)

上个星期我没见到娜贤。
Shàng ge xīngqī wǒ méi jiàndào Nàxián.

菜还没准备好。
Cài hái méi zhǔnbèihǎo.

경험을 부정할 때에도 '没(有)'로 부정한다. 이때는 시태조사 '过'를 생략하지 않고 「没(有)+동사+过」형식으로 쓴다. (STEP 1 10과 '시태조사 过' 설명 참조)

他没来过我家。
Tā méi lái guo wǒ jiā.

你没去过北京吗？
Nǐ méi qù guo Běijīng ma?

동작의 진행을 나타내는 '在'나 상태의 지속을 나타내는 '着'가 포함된 문장도 '没'로 부정한다.

他没在看电视，他在看电影呢。
Tā méi zài kàn diànshì, tā zài kàn diànyǐng ne.

门没开着，关着呢。
Mén méi kāi zhe, guān zhe ne.

상태의 변화를 부정할 때에도 '没(有)'를 사용한다.

天还没亮。
Tiān hái méi liàng.

他的病还没好。
Tā de bìng hái méi hǎo.

亮 liàng 툉 날이 밝다 ┃ 病 bìng 몡 병

질문에 부정문으로 대답해 보세요.

① 他来了吗？ → ＿＿＿＿＿＿＿＿＿＿＿＿

② 你找到那本书了吗？ → ＿＿＿＿＿＿＿＿＿＿＿＿

③ 你坐公交车了吗？ → ＿＿＿＿＿＿＿＿＿＿＿＿

형용사의 뒤에 쓰여 정도를 나타내는 보어를 정도보어(程度补语)라고 한다. 정도보어는 대개 정도가 심함을 나타낸다.

地铁站人多极了。
Dìtiězhàn rén duō jíle.

今天热死了。
Jīntiān rè sǐle.

死 sǐ 웹 ~해 죽겠다 동 죽다

정도보어 중에는 '得'를 필요로 하는 것도 있다.

现在我忙得很。
Xiànzài wǒ máng de hěn.

我头疼得厉害。
Wǒ tóu téng de lìhai.

다음 중 정도보어가 쓰인 문장을 찾아보세요.

① 今天天气很热。

② 今天天气热得很。

③ 这道菜太好吃了。

④ 这道菜好吃极了。

앞에 시간을 나타내는 표현이 오는 경우에 '就'는 예상보다 이르다는 의미를, '才'는 예상보다 늦다는 의미를 나타낸다.

说好五点见面，我差一刻五点就到了，你怎么五点半才来?
Shuō hǎo wǔ diǎn jiàn miàn, wǒ chà yí kè wǔ diǎn jiù dào le, nǐ zěnme wǔ diǎn bàn cái lái?

昨天我十点就睡了，我姐姐十二点才睡。
Zuótiān wǒ shí diǎn jiù shuì le, wǒ jiějie shí'èr diǎn cái shuì.

각 문장의 빈칸에 '就'와 '才' 중 알맞은 단어를 넣어 보세요.

① 他五岁_____会写字，他弟弟八岁_____会。
→ xiě zì 동 글자를 쓰다

② 从这儿到我家，坐车的话五分钟_____能到，走路的话三十分钟_____能到。

③ 电影七点开始，我六点半_____到了，他七点十分_____到。
→ kāishǐ 동 시작하다, 시작되다

88

1 我最近一直没吃烤鸭。

看 kàn	电视 diànshì
锻炼 duànliàn	身体 shēntǐ
去 qù	图书馆 túshūguǎn

2 人多极了。

他 tā	高兴 gāoxìng
今天 jīntiān	冷 lěng
最近 zuìjìn	忙 máng

3 还是坐地铁比较好。

在网上买 zài wǎng shang mǎi	便宜 piányi
坐车 zuò chē	方便 fāngbiàn
妈妈做饭 māma zuò fàn	好吃 hǎochī

- 网 wǎng 인터넷, 온라인 • 方便 fāngbiàn 편리하다

실력이 늘다

1 녹음을 듣고 녹음 내용과 일치하면 O, 일치하지 않으면 X를 표시해 보세요. 🎧 06-06

(1) 男的想去展览馆看看。 ( )

(2) 女的这个星期六有事儿。 ( )

(3) 男的这个星期天不能玩儿。 ( )

(4) 他们打算这个星期六去展览馆。 ( )

2 보기 의 정도보어 표현을 이용하여 그림을 중국어로 표현해 보세요.

보기

| 好极了 | 堵得厉害 | 冷死了 | 多得很 |

(1)

_____

(2)

_____

(3)

_____

(4)

_____

3 주어진 대화문의 빈칸에 알맞은 말을 보기에서 골라 넣고 대화해 보세요.

보기

怎么去好呢　　　不见不散　　　还是去望京比较好
　　　　　　　　　　　　　　　　　　└→ Wàngjīng [고유] 왕징 [지명]

A 我这几天一直没吃韩国菜，明天我们去王府井吃韩国菜吧。
　　　　　　　　　　　　　　　　　　　　　　└→ Wángfǔjǐng [고유] 왕푸징 [지명]
B 那我们＿＿＿＿＿＿＿＿＿＿＿，那儿有很多韩国餐厅。

A 我还没去过望京，很想去那儿看看。我们＿＿＿＿＿＿＿＿＿＿？

B 从这儿到望京，坐地铁三十分钟就能到，坐公交车一个小时才能到。

　　我们坐地铁去吧。

A 那好吧。明天五点，宿舍楼门口见。
　　　　　　　　└→ sùshè [명] 기숙사
B 好，＿＿＿＿＿＿＿＿＿＿。

4 이 과에서 배운 표현을 활용하여 친구와 함께 대화해 보세요.

A 我要买＿＿＿＿＿＿＿，这个星期六我想去＿＿＿＿＿＿＿看看。

B 我也要买＿＿＿＿＿＿＿，我们一起去吧。

A 好。我们坐＿＿＿＿＿＿＿去吧。

B 星期六车堵得很厉害。还是坐＿＿＿＿＿＿＿比较好。

A 那我们星期六下午两点在＿＿＿＿＿＿＿站见，好不好？

B 好。

그리고 중국 문화

중국 예술의 현주소, 따산즈 798예술구!

미국 뉴욕에 예술인의 거리 '소호(Soho)'가 있다면 중국의 베이징에는 '따산즈 798예술구 (大山子艺术区 Dàshānzi Yìshùqū)'가 있다!

'따산즈 798예술구'는 베이징시의 차오양구 따산즈 지역에 위치해 있는데, 원래는 1950년대에 소련의 원조와 동독의 설계에 의하여 건설된 중화학 공업 단지로, 무기를 제조하던 공장이 밀집해 있었다. 그러다가 냉전 시대가 끝나고 폐허가 되면서 새로이 정비하여 임대를 시작하였다. 처음에 임대료가 싸서 가난한 예술가들이 이곳에 하나둘씩 모여 예술 활동을 시작하자 나중에는 중국 정부가 이곳을 예술 특구로 지정하였다.

이후 화랑, 예술센터, 아뜰리에, 디자인 회사 등 각종 공간들이 대량으로 생기면서 이곳은 짧은 기간 안에 중국 최대 규모이자 국제적으로도 영향력을 끼치는 예술촌으로 거듭나게 된다.

이곳에는 1950~1960년대 당시의 정치 구호가 낙서된 벽이 남아 있다. 우중충한 분위기의 공장터 굴뚝과 파이프 사이로 곳곳에 예술가들의 작업실과 크고 작은 갤러리가 보이고, 골목 골목에는 사회주의를 풍자한 작품이나 평범한 일상용품을 특별하게 탄생시킨 재치 있는 작품들도 볼 수 있다.

처음에는 가난한 예술가들의 거점이었던 이곳 '따산즈 798예술구'는 현대와 전통, 실험과 책임, 이상과 경제, 예술과 대중이 공존하는 하나의 문화 공간으로, 「따산즈 예술제」, 「798 전시회」 등 활발한 국제적 예술 활동을 하며 이제는 세계 예술의 거점으로 주목받고 있다.

따산즈 예술구를 꾸미고 있는 젊은 작가

개성 있는 작품들이 전시되어 있는 따산즈 예술구의 전경

07

我也想买一台新款电脑。

나도 새 컴퓨터를 한 대 사고 싶어요.

1 컴퓨터와 관련된 여러 가지 표현을 할 수 있다.

2 구체적인 수량으로 비교문을 말할 수 있다.

3 조동사 '得'와 '不用'의 용법을 이해하고 표현할 수 있다.

- 电脑 diànnǎo 명 컴퓨터

- 速度 sùdù 명 속도

- 倍 bèi 양 배, 곱절

- 价格 jiàgé 명 가격

- 旧 jiù 형 옛날의, 과거의

- 型 xíng 명 모양, 양식

- 千 qiān 수 천(1,000)

- 性能 xìngnéng 명 성능

- 越来越 yuèláiyuè 점점, 더욱더

- 台 tái 양 대, 회 [기계·차량이나 연극의 공연 횟수를 셀 때 씀]

- 新 xīn 형 새로운

- 经常 jīngcháng 부 늘, 항상

- 网吧 wǎngbā 명 인터넷 카페, PC방

- 羡慕 xiànmù 동 부러워하다

- 新款 xīnkuǎn 명 새로운 스타일

- 日语 Rìyǔ 명 일어, 일본어

- 所以 suǒyǐ 접 그래서, 그러므로

- 补习班 bǔxíbān 명 학원, 보습반

- 咨询 zīxún 동 상담하다

- 外语 wàiyǔ 명 외국어

- 除了 chúle 개 ~외에, ~을 제외하고

- 西班牙语 Xībānyáyǔ 명 스페인어

- 先 xiān 부 먼저, 우선

- 网 wǎng 명 인터넷 ['互联网 hùliánwǎng'의 약자], 그물, 망

- 视频 shìpín 명 동영상

- 办法 bànfǎ 명 방법, 수단

- 智能手机 zhìnéng shǒujī 명 스마트폰

- 随时 suíshí 부 언제나, 수시로

- 随地 suídì 부 어디서나, 아무데나

- 方便 fāngbiàn 형 편리하다

- 得 děi 조동 ~해야 한다

- 利用 lìyòng 명 동 이용(하다)

리듬을 따라하며 문장의 구조를 자연스럽게 익혀 보세요.　🎧 07-02

速度比以前快两倍。
Sùdù bǐ yǐqián kuài liǎng bèi.

속도가 예전보다 두 배 더 빠릅니다.

♪　快两倍

比以前／快两倍

速度／比以前／快两倍。

价格越来越便宜了。
Jiàgé yuèláiyuè piányi le.

가격이 점점 싸집니다.

♪　便宜了

越来越／便宜了

价格／越来越／便宜了。

用手机看看视频。
Yòng shǒujī kànkan shìpín.

휴대전화를 사용해 동영상을 보세요.

♪　视频

看看／视频

用手机／看看／视频

我就不用经常去网吧了。
Wǒ jiù búyòng jīngcháng qù wǎngbā le.

저는 인터넷 카페에 자주 갈 필요가 없어졌어요.

　经常去／网吧

不用／经常去／网吧了

我就／不用／经常去／网吧了。

1 .... 🎧 07-03

자오량 **这就是你昨天买的电脑，速度一定很快吧。**
Zhè jiù shì nǐ zuótiān mǎi de diànnǎo, sùdù yídìng hěn kuài ba.

우림 **你来试试! 速度比以前快两倍。**
Nǐ lái shìshi! Sùdù bǐ yǐqián kuài liǎng bèi.

자오량 **价格也挺贵吧?**
Jiàgé yě tǐng guì ba?

우림 **不，比旧型的便宜一千块左右。**
Bù, bǐ jiù xíng de piányi yì qiān kuài zuǒyòu.

자오량 **是吗? 现在的电脑性能越来越❶好，**
Shì ma? Xiànzài de diànnǎo xìngnéng yuèláiyuè hǎo,

价格也越来越便宜了。
jiàgé yě yuèláiyuè piányi le.

 아하! 그렇구나!

❶ '越来越'는 '갈수록 ~하다'라는 뜻으로 상태가 점점 심해짐을 나타낸다.

우림　是啊。有了这台新电脑，
Shì a. Yǒu le zhè tái xīn diànnǎo,

我就不用经常去网吧了。
wǒ jiù búyòng jīngcháng qù wǎngbā le.

자오량　真羡慕你，我也想买一台新款电脑。
Zhēn xiànmù nǐ, wǒ yě xiǎng mǎi yì tái xīnkuǎn diànnǎo.

2 🎧07-04

나현　你现在去哪儿？
Nǐ xiànzài qù nǎr?

린하이　我想学日语，所以要去补习班咨询一下。
Wǒ xiǎng xué Rìyǔ, suǒyǐ yào qù bǔxíbān zīxún yíxià.

나현　其实我也早就想再学一门外语。
Qíshí wǒ yě zǎojiù xiǎng zài xué yì mén wàiyǔ.

린하이　除了英语、汉语以外，你还想学什么外语？
Chúle Yīngyǔ、Hànyǔ yǐwài, nǐ hái xiǎng xué shénme wàiyǔ?

나현　我想学西班牙语，
Wǒ xiǎng xué Xībānyáyǔ,

可是我没有时间去补习班学习。
kěshì wǒ méiyǒu shíjiān qù bǔxíbān xuéxí.

린하이 你可以先在网上学，用手机看看视频。
Nǐ kěyǐ xiān zài wǎng shang xué, yòng shǒujī kànkan shìpín.

나현 好办法! 有了智能手机，随时随地都可以学习，
Hǎo bànfǎ! Yǒu le zhìnéng shǒujī, suíshí suídì dōu kěyǐ xuéxí,

真是太方便了!
zhēn shì tài fāngbiàn le!

린하이 是啊! 我们得好好儿利用。
Shì a! Wǒmen děi hǎohāor lìyòng.

비교수량보어

비교수량보어는 형용사 뒤에 쓰여 비교한 결과 차이가 나는 수량을 나타낸다.

速度比以前快两倍。
Sùdù bǐ yǐqián kuài liǎng bèi.

比旧型的便宜一千块左右。
Bǐ jiù xíng de piányi yì qiān kuài zuǒyòu.

보기 와 같이 비교수량보어를 포함한 문장을 만들어 보세요.

> **보기**
>
> 哥哥1米75，弟弟1米72。 → 哥哥比弟弟高3厘米。
> └→ límǐ (명) 센티미터

① 我30岁，他27岁。   → _____比_____大_____。

② 我家有6口人，他家有4口人。   → _____比_____多_____。

③ 今天33度，昨天28度。   → _____比_____高_____。

④ 这件衣服140块，那件衣服120块。   → _____比_____贵_____。

得 / 不用

'得'는 '~해야 한다'라는 의미의 조동사이다.

我们得好好儿利用。
Wǒmen děi hǎohāor lìyòng.

明天你得来找我。
Míngtiān nǐ děi lái zhǎo wǒ.

부정형은 '不用'으로 '~할 필요가 없다'라는 뜻이다.

我就不用经常去网吧了。
Wǒ jiù búyòng jīngcháng qù wǎngbā le.

明天你不用来找我。
Míngtiān nǐ búyòng lái zhǎo wǒ.

빈칸에 '得'나 '不用' 중 알맞은 단어를 넣어서 문장을 완성해 보세요.

① A 我现在_____去上课。

   B 你_____去，今天停课。
                 └→ tíng kè (동) 수업을 중지하다, 휴강하다

② 今天有雨，你_____带伞。

③ 今天不会下雨，你_____带伞。

除了……(以外)

'除了'는 '~이외에', '~말고'라는 뜻으로 뒤에 '以外'를 덧붙일 수 있다. 주어진 항목 외에 다른 것을 더 추가할 때 쓴다. 대개 뒤에 '还'나 '也'가 온다.

除了英语、汉语以外，你还想学什么外语？
Chúle Yīngyǔ、Hànyǔ yǐwài, nǐ hái xiǎng xué shénme wàiyǔ?

除了雨林、娜贤，赵亮也喜欢画画儿。
Chúle Yǔlín、Nàxián, Zhào Liàng yě xǐhuan huà huàr.

이 밖에, 어떤 것을 제외한 나머지에 대하여 서술할 때 쓴다. 뒤에 '都'가 온다.

除了他，我们都不会说汉语。
Chúle tā, wǒmen dōu bú huì shuō Hànyǔ.

除了星期三，我这个星期都有课。
Chúle xīngqīsān, wǒ zhè ge xīngqī dōu yǒu kè.

그림을 보고, '除了'를 포함한 문장으로 대답해 보세요.

①

A 你只有妹妹吗？

B _____

②

打篮球
↳ dǎ lánqiú
(동) 농구를 하다

A 除了游泳，你还喜欢什么体育活动？
↳ tǐyù huódòng
체육 활동

B _____

③

A 除了口语以外，你还选了什么课？

B _____

④

A 你们都是中国人吗？

B _____

1

这台电脑比旧型的便宜一千块左右。

轻 qīng	两公斤 liǎng gōngjīn
快 kuài	两倍 liǎng bèi
小 xiǎo	一半 yíbàn

- 轻 qīng 가볍다 · 一半 yíbàn 반, 절반

2

我们得好好儿利用。

学汉语 xué Hànyǔ
给他打电话 gěi tā dǎ diànhuà
去找王老师 qù zhǎo Wáng lǎoshī

3

价格越来越便宜了。

人 rén	多 duō
速度 sùdù	快 kuài
天气 tiānqì	热 rè

1 녹음을 듣고 녹음 내용과 일치하면 O, 일치하지 않으면 X를 표시해 보세요. 🎧 07-06

(1) 我有一个中国朋友。 ( )

(2) 他在大学学习英语。 ( )

(3) 他来过韩国。 ( )

(4) 我见过他两次。 ( )

2 우림과 자오량의 노트북입니다. 제시된 정보에 따라 노트북의 크기와 가격, 속도를 비교하는 문장을 만들어 보세요.

雨林的笔记本电脑
└→ bǐjìběn diànnǎo 명 노트북
• 가격: 8000위안
• 속도: 6GHz

赵亮的笔记本电脑
• 가격: 6000위안
• 속도: 3GHz

(1) _____

(2) _____

(3) _____

3 주어진 대화문의 밑줄 친 부분에 알맞은 말을 보기 에서 골라 넣고 대화해 보세요.

보기

还有弟弟吗　　　那个人是谁　　　个子比你高吧　　　比你小几岁

A 刚才跟你说话的＿＿＿＿＿＿＿＿＿＿＿＿？

B 是我弟弟。

A 真的？他＿＿＿＿＿＿＿＿＿＿＿？

B 他比我小三岁。

A 他＿＿＿＿＿＿＿＿＿＿？

B 对，他比我高五厘米。

A 除了他以外，你＿＿＿＿＿＿＿＿＿＿？

B 没有，我只有一个弟弟。

4 이 과에서 배운 표현을 활용하여 대화해 보세요.

A 你在做什么呢？

B 我在网上＿＿＿＿＿＿＿＿＿。

A 在网上＿＿＿＿＿＿＿＿吗？怎么样？

B 非常方便，随时随地都＿＿＿＿＿＿＿＿.

A 是吗？我也要＿＿＿＿＿＿＿＿，那我也试试。

중국의 쇼핑 문화

인터넷의 보급과 더불어 실용적인 마인드를 가진 중국인들에게 온라인 시장은 엄청난 인기를 끌고 있으며 해마다 꾸준한 성장세를 유지하고 있다. 중국 온라인 상거래 플랫폼으로 유명한 알리바바그룹은 부동산 시장까지 뛰어들었다. 마약 빼고는 무엇이든 다 판다고 얘기할 정도로 중국의 온라인 시장은 거의 모든 상품 영역에 그 영향력을 미치고 있다. 빅데이터, 인공 지능 등 새로운 IT 기술을 이용하여, 상품의 생산과 유통 및 판매에 대한 업그레이드와 소비자 체험을 결합하는 새로운 형태로서의 신유통(新零售)을 표방하며 국내뿐만 아니라 해외 온라인 시장까지 연결하고 있다.

알리페이와 위챗페이 등 다양한 모바일 결제 서비스

중국에서는 매년 11월 11일을 '쐉스이거우쾅환졔(双十一购物狂欢节)'라고 부르는데, 이 날에는 대대적인 온라인 특별 세일을 시행한다. 온라인 판매상인 타오바오(淘宝)가 2009년 11월 11일 처음 실시한 인터넷 특별 세일 행사에서 예상을 크게 뛰어넘는 큰 성과를 거둔 후 매년 같은 날에 최대 규모의 세일 행사를 시행하게 되었고, 이제 이른바 '쐉스이'는 중국 전자상거래의 최대 행사가 되었다. 중국 전자상거래는 알리바바 계열의 티몰(天猫)이 1위이며, 징동(京东)이 그 뒤를 쫓고 있는데, 이 둘의 판매량은 현재 중국 전체 온라인 거래액의 대부분을 점유하고 있다.

과일 시장에서 QR코드로 결제하고 있는 구매자의 모습

상품 구매 방식에 있어서도 예전에는 신용 카드 사용이 쉽지 않았고 현금 지불이 우선이었지만, 이제 신용 카드도 아닌 모바일 결제가 상용화되었다. 모바일 결제는 신용 카드보다 가입이나 사용이 훨씬 편리하고 더욱 안전한 거래라고 여겨지고 있으며, 모바일 결제를 통해 다양한 할인 혜택도 받을 수 있다. 가장 대표적인 모바일 결제 서비스는 '알리페이(支付宝 Zhīfùbǎo)'와 최대 가입자를 보유하고 있는 '위챗페이(微信支付 Wēixìn Zhīfù)' 등이다. 최근 중국은 온라인 시장뿐만 아니라 전통시장이나 길가의 노점상에서의 소액 결제도 가능할 만큼 모바일 결제가 보편화 되어 있다.

08

복습 I

1~7과에서는 수업·출퇴근·기호·취미·생일 축하·병원·표 사기·교통·인터넷 등 일상생활과 관련된 여러 가지 표현을 배웠습니다. 제8과 복습 I에서는 앞서 배웠던 회화와 핵심 어법을 복습해 봅시다.

단어 핵심 체크

주제별 단어 그림을 보면서 빈칸에 해당하는 단어의 한자를 써 넣어 보세요.

(1) 취미

liàn tàijíquán
태극권을 수련하다

看书
kàn shū
책을 보다

kàn diànyǐng
영화를 보다

chàng gē
노래를 부르다

huà huàr
그림을 그리다

锻炼身体
duànliàn shēntǐ
운동하다

做菜 zuò cài 요리를 하다

tīng yīnyuè 음악을 듣다

(2) 신체

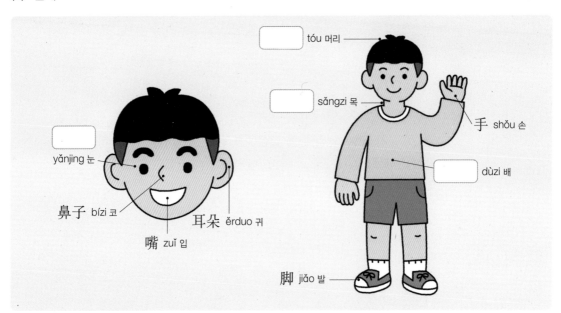

tóu 머리

sǎngzi 목

手 shǒu 손

dùzi 배

yǎnjing 눈

鼻子 bízi 코

嘴 zuǐ 입

耳朵 ěrduo 귀

脚 jiǎo 발

106

(3) 컴퓨터

笔记本电脑
bǐjìběn diànnǎo
노트북

liáo tiān
채팅하다

电子邮件
diànzǐ yóujiàn
이메일

diànnǎo
컴퓨터

shàng wǎng
인터넷에 접속하다

鼠标
shǔbiāo
마우스

键盘
jiànpán
키보드

wǎngbā
인터넷 카페, PC방

(4) 교통수단

huǒchē 기차

飞机
fēijī
비행기

船
chuán
배

出租车
chūzūchē
택시

gōngjiāochē
버스

轮胎
lúntāi
타이어

zìxíngchē
자전거

dìtiě 지하철

핵심 회화 표현을 복습해 보세요. 🎧 08-01

① 학습 시간 묻기

A 你每天学习多长时间？
Nǐ měitiān xuéxí duō cháng shíjiān?

B 我每天学习五六个小时。
Wǒ měitiān xuéxí wǔ-liù ge xiǎoshí.

② 월급 묻기

A 你一个月挣多少？
Nǐ yí ge yuè zhèng duōshao?

B 一个月一万二。
Yí ge yuè yí wàn èr.

③ 동작의 진행 묻기

A 那些人在做什么呢？
Nàxiē rén zài zuò shénme ne?

B 他们正在练太极拳。
Tāmen zhèngzài liàn tàijíquán.

④ 생일 축하하기

A 祝你生日快乐！
Zhù nǐ shēngrì kuàilè!

B 谢谢你们！
Xièxie nǐmen!

⑤ 건강 묻기

A 你哪儿不舒服？
Nǐ nǎr bù shūfu?

B 我头疼，嗓子也有点儿不舒服。
Wǒ tóu téng, sǎngzi yě yǒudiǎnr bù shūfu.

⑥ 약 복용법 묻기

A 这药一天吃几次？
Zhè yào yìtiān chī jǐ cì?

B 一天三次，一次两片。
Yìtiān sān cì, yí cì liǎng piàn.

⑦ 약속하기

A 我早就想看那部电影了。
Wǒ zǎojiù xiǎng kàn nà bù diànyǐng le.

B 那我们明晚六点在学校
Nà wǒmen míng wǎn liù diǎn zài xuéxiào
门口等你，不见不散！
ménkǒu děng nǐ, bú jiàn bú sàn!

⑧ 가격 비교하기

A 价格也挺贵吧？
Jiàgé yě tǐng guì ba?

B 比旧型的便宜一千块左右。
Bǐ jiù xíng de piányi yì qiān kuài zuǒyòu.

네컷 만화를 보고, 말풍선 안의 우리말을 중국어로 바꿔 스토리를 완성해 보세요.

(1)

① _____

③ _____

② _____

④ _____

(2)

① _____ ② _____ ③ _____

④ _____ ⑤ _____ ⑥ _____

어법 핵심 체크

제대로 된 중국어 문장을 구사하려면 어법에 맞는 표현을 해야 합니다. 앞에서 배웠던 핵심 어법을 복습해 보세요.

시태조사 了 　시태조사 '了'는 동사 뒤에 쓰여 동작이 완료되거나 실현되었음을 나타냅니다.

我买了一件衣服。 나는 옷 한 벌을 샀습니다.
Wǒ mǎi le yí jiàn yīfu.

我睡了七个小时。 나는 7시간을 잤습니다.
Wǒ shuì le qī ge xiǎoshí.

어기조사 了 　어기조사 '了'는 문장 끝에 붙어 상황의 변화나 새로운 상황의 출현을 나타냅니다.

时间不早了。 시간이 늦었다.
Shíjiān bù zǎo le.

他以前每天来这儿，现在不来了。 그는 예전에 매일 여기에 왔었는데 지금은 오지 않는다.
Tā yǐqián měitiān lái zhèr, xiànzài bù lái le.

시태조사 着 　시태조사 '着'는 동사 뒤에 쓰여 동작이 지속되거나 동작의 결과 어떤 상태가 지속됨을 나타냅니다.

门开着。
Mén kāi zhe.
문이 열려 있다.

桌子上放着一本书。
Zhuōzi shang fàng zhe yì běn shū.
책상 위에 책이 한 권 놓여 있다.

동작의 진행 　동사 앞에 '正'이나 '在', '正在'를 붙이면 동작의 진행을 나타냅니다. 이때 문장 끝에 '呢'를 붙일 수 있습니다.

你正在做什么呢? 당신은 무엇을 하고 있습니까?
Nǐ zhèngzài zuò shénme ne?

他在打电话。 그는 전화를 하고 있습니다.
Tā zài dǎ diànhuà.

상태보어 　동사·형용사 뒤에서 관련된 상태를 설명해 주는 보어를 상태보어라고 합니다. 어순은 「동사·형용사＋得＋상태보어」!

他唱得很好。 그는 노래를 잘 부릅니다.
Tā chàng de hěn hǎo.

他唱得不好。 그는 노래를 못 부릅니다.
Tā chàng de bù hǎo.

(1) 보기 에서 알맞은 단어를 골라 괄호 안에 넣어 보세요.

> 보기
>
> 了　　着　　得

① 我唱(　　　)不太好。　　　② 你看，他在那儿等(　　　)我们呢。

③ 我买(　　　)两本书。　　　④ 他来(　　　)很晚。

⑤ 你拿(　　　)，我去一下洗手间。　　　⑥ 菜已经准备好(　　　)。

(2) 보기 에서 알맞은 부사를 골라 괄호 안에 넣어 보세요.

> 보기
>
> 在　　还　　就

① 除了汉语，我(　　　)会说英语和日语。　② 他(　　　)看电视。

③ (　　　)要下课了。　　　④ 三点上课，我两点半(　　　)到教室了。

⑤ 菜(　　　)没准备好。　　　⑥ 你正(　　　)做什么?

(3) 괄호 안의 단어를 이용하여 주어진 우리말 문장을 중국어로 바꿔 보세요.

① 나는 1년간 중국어를 배웠다. (学，汉语，一年)

→ _____

② 나는 머리가 좀 아프다. (头，疼，有点儿)

→ _____

③ 이 약은 하루에 세 번 먹는다. (一天，三次)

→ _____

④ 그의 컴퓨터는 내 것보다 1000위안 비싸다. (电脑，贵)

→ _____

중국의 전통 뮤지컬, 경극!

경극(京剧 jīngjù)은 극본·연기·음악·소도구·분장·의상 등의 예술적 요소가 다채롭게 결합된 종합 예술로서, 베이징(北京)에서 시작되었다고 하여 '경극'이라고 부른다.

경극은 '창(唱 chàng 노래)', '과(科 kē 연기)', '백(白 bái 대사)'이라는 3대 요소가 조화를 이루며, 여기에 춤이 더해지는 것이 특징이다. 경극에서 이렇게 노래와 춤을 동반하는 연출 형식을 '창념작타(唱念作打)'라고 하는데, '창'은 경극 배우의 필수 요건으로 정확한 발음으로 하는 노래를 가리키며, '념'은 전통적 독법 혹은 베이징 구두어로 하는 대사를 말한다. 또 '작'은 동작과 기법을, '타'는 중국의 전통 무술을 기초로 한 무술 동작을 가리킨다.

배역은 크게 남자 역의 '생(生 shēng)', 여자 역의 '단(旦 dàn 이 역은 원래 남자가 여장을 했으나 지금은 여자가 맡는다)', 악역이나 개성이 강한 인물 역의 '정(净 jìng)', 어릿광대 역의 '축(丑 chǒu)'으로 나뉜다. 이들의 분장을 보면, 색에 따라 등장인물의 성격이나 특징 등을 알 수 있어서 재미를 더한다. 붉은색 분장은 충성과 의리를, 검은색 분장은 정직하고 강인한 성격, 노란색 분장은 흉악하고 잔인한 성격을 나타낸다. 또 파란색 혹은 녹색의 분장은 호방하고 거친 성격을, 흰색 분장은 간신이나 악당을 나타낸다.

경극의 내용은 주로 유명한 역사 이야기나 아름다운 애정 이야기이다. 또한 모든 연기 동작은 사실적인 동작이 아니라 상징적이고 공식화한 무용 동작으로 이루어져 있어서 표현미가 뛰어나다.

경극은 서양에서 '베이징 오페라(Beijing Opera)'로 불리지만, 이처럼 오페라와는 여러 면에서 다른 중국 고유의 종합 공연 예술로 중국에서 영향력이 큰 대표적인 극의 종류이다.

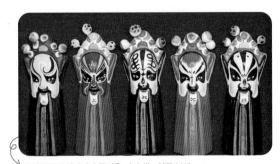
등장인물의 성격이나 특징을 나타내는 얼굴 분장

분장을 마친 경극 배우

09

一路上辛苦了。

오시는 길 수고 많으셨습니다.

이 과의 학습 목표

1 마중과 관련된 여러 가지 표현을 말할 수 있다.

2 동사 뒤에 '在'와 '到'가 오는 여러 가지 표현을 할 수 있다.

3 다양한 겸어동사를 사용하여 말할 수 있다.

- 约会 yuēhuì 명 만날 약속
- 改 gǎi 동 바꾸다
- 公司 gōngsī 명 회사
- 总公司 zǒnggōngsī 명 본사
- 派 pài 동 파견하다
- 开车 kāi chē 동 운전하다, 차를 몰다
- 住 zhù 동 살다, 숙박하다
- 为 wèi 개 ~을 위하여
- 处 chù 명 곳, 장소
- 啦 la 조 ['了'와 '啊'의 합성사로, 두 조사의 기능을 함께 가지고 있음]
- 让 ràng 동 ~하도록 하다
- 宿舍 sùshè 명 기숙사
- 然后 ránhòu 접 그러한 후에, 그리고 나서
- 帮 bāng 동 돕다, 거들다
- 房子 fángzi 명 집, 건물
- 待 dāi 동 머무르다, 체류하다

- 年底 niándǐ 명 연말
- 一路 yílù 명 도중, 노중
- 辛苦 xīnkǔ 형 고생스럽다
- 累 lèi 형 지치다, 피로하다
- 雾 wù 명 안개
- 所有 suǒyǒu 형 모든, 일체의
- 航班 hángbān 명 운행표, 취항 순서
- 晚点 wǎn diǎn 동 (차·선박·비행기 등의) 출발이나 도착이 지연되다
- 不好意思 bùhǎoyìsi 부끄럽다, 죄송하다
- 行李 xíngli 명 여행짐, 수화물
- 重 zhòng 형 무겁다
- 停 tíng 동 멈추다, 주차하다
- 停车场 tíngchēchǎng 명 주차장
- 添 tiān 동 보태다, 더하다
- 麻烦 máfan 명 폐, 번거로운 일 형 귀찮다, 번거롭다 동 번거롭게 하다, 폐를 끼치다

리듬을 따라하며 문장의 구조를 자연스럽게 익혀 보세요.　♪09-02

1

总公司派人来中国。

Zǒnggōngsī pài rén lái Zhōngguó.

본사에서 중국으로 사람을 파견해 옵니다.

♪ 来中国

派人／来中国

总公司／派人／来中国。

2

行李一点儿也不重。

Xíngli yìdiǎnr yě bú zhòng.

짐은 조금도 무겁지 않습니다.

♪ 不重

一点儿／也不重

行李／一点儿／也不重。

3

我的车就停在停车场。

Wǒ de chē jiù tíng zài tíngchēchǎng.

내 차는 주차장에 주차되어 있습니다.

♪ 停车场

停在／停车场

我的车／就停在／停车场。

4

给您添了这么多麻烦。

Gěi nín tiān le zhème duō máfan.

당신께 이렇게 폐를 많이 끼치네요.

♪ 这么多麻烦

添了／这么多麻烦

给您／添了／这么多麻烦。

1 ·· 🎧 09-03

우림 明天晚上的约会能不能改到后天?
Míngtiān wǎnshang de yuēhuì néng bu néng gǎi dào hòutiān?

린하이 怎么? 你有什么事儿?
Zěnme? Nǐ yǒu shénme shìr?

우림 明天韩国总公司派人来中国,
Míngtiān Hánguó zǒnggōngsī pài rén lái Zhōngguó,

我得开车去接他。
wǒ děi kāi chē qù jiē tā.

린하이 他到这儿以后, 住在哪儿?
Tā dào zhèr yǐhòu, zhù zài nǎr?

你为他找到住处啦?
Nǐ wèi tā zhǎodào zhù chù la?

우림 我打算先让他住在公司宿舍,
Wǒ dǎsuan xiān ràng tā zhù zài gōngsī sùshè,

然后❶我再帮他找房子。
ránhòu wǒ zài bāng tā zhǎo fángzi.

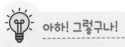

아하! 그렇구나!

❶ 「先……然后……」는 '~한 후에 ~하다'라는 뜻으로 시간의 선후관계를 나타낸다.
예 我们先吃饭, 然后出去玩儿吧。 우리 먼저 밥을 먹고 나서 나가 놀자.

린하이 他要在北京待到什么时候？

Tā yào zài Běijīng dāi dào shénme shíhou?

우림 他要待到明年年底。

Tā yào dāi dào míngnián niándǐ.

09-04

2

현철 您就是从大韩银行来的柳先生吧？

Nín jiù shì cóng Dàhán Yínháng lái de Liǔ xiānsheng ba?

우림 我就是。郑先生，您好！

Wǒ jiù shì. Zhèng xiānsheng, nín hǎo!

一路上辛苦了。累了吧？

Yílùshang xīnkǔ le. Lèi le ba?

현철 一点儿也不累。

Yìdiǎnr yě bú lèi.

今天首尔下大雾，所有航班都晚点了。

Jīntiān Shǒu'ěr xià dà wù, suǒyǒu hángbān dōu wǎn diǎn le.

让您久等了，真不好意思❷。

Ràng nín jiǔ děng le, zhēn bùhǎoyìsi.

우림　您这是哪儿的话！我帮您拿行李。

　　　Nín zhè shì nǎr de huà! Wǒ bāng nín ná xíngli.

현철　不用，不用。行李一点儿也不重。

　　　Búyòng, búyòng. Xíngli yìdiǎnr yě bú zhòng.

우림　我的车就停在停车场。

　　　Wǒ de chē jiù tíng zài tíngchēchǎng.

　　　我送您到宿舍吧。

　　　Wǒ sòng nín dào sùshè ba.

현철　真不好意思！给您添了这么多麻烦。

　　　Zhēn bùhǎoyìsi! Gěi nín tiān le zhème duō máfan.

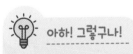 아하! 그렇구나!

❷ '不好意思'는 미안하거나 쑥스러움을 나타낼 때 쓰는 표현이다.

어법 회화에 날개를 달다

동사+在/到+명사

'在'와 '到'는 장소나 시간을 나타내는 명사구를 수반하여 동사의 뒤에 올 수 있다.

① 「동사+在+장소」: 사람이나 사물이 동작을 통해서 어디에 존재하는지를 나타낸다.

他住在公司宿舍。	我的车停在停车场。
Tā zhù zài gōngsī sùshè.	Wǒ de chē tíng zài tíngchēchǎng.

② 「동사+到+시간」: 동작이나 상태가 어떤 시점까지 계속됨을 나타낸다. 동사가 목적어를 가지면, 「동사+목적어+동사+到……」의 형식으로 쓰인다.

他们要待到明年。	我看书看到晚上九点。
Tāmen yào dāi dào míngnián.	Wǒ kàn shū kàn dào wǎnshang jiǔ diǎn.

그림을 보고 문장을 완성해 보세요.

①

睡 / 沙发上
→ shāfā 몡 소파
爸爸＿＿＿＿＿＿。

②

放 / 桌子上
书＿＿＿＿＿＿。

③

看 / 电视 / 九点
我＿＿＿＿＿＿。

겸어동사

「주어+동사 1+명사+동사 2」 형식의 겸어문은 STEP 1에서 이미 배운 바 있다. 겸어문에서 동사 1은 주로 사역의 의미를 갖는 동사로 구성되며 이를 '겸어동사'라고 부른다. 겸어동사로는 STEP 1에서 배운 '请', '叫' 외에 '让', '使'가 있다. '让'은 '~에게 ~하도록 해 주다'라는 의미를 나타내고, '使'는 '어떤 원인으로 ~하게 되다'라는 의미를 나타낸다. (STEP 1 143p '겸어문' 설명 참조)

我让他住在公司宿舍。
Wǒ ràng tā zhù zài gōngsī sùshè.

你说的那句话使他非常高兴。
Nǐ shuō de nà jù huà shǐ tā fēicháng gāoxìng.

句 jù 옝 마디, 편[말·글의 수를 세는 단위]

그 밖에 '派', '送'과 같은 동사들도 겸어동사로 쓰일 수 있다.

韩国总公司派人来中国。
Hánguó zǒnggōngsī pài rén lái Zhōngguó.

我送您到宿舍吧。
Wǒ sòng nín dào sùshè ba.

이러한 겸어동사들의 공통점은 겸어동사 뒤에 쓰인 명사가 동사 1에 대한 목적어의 기능과 그 뒤에 오는 술어(동사 2)에 대한 주어 기능을 겸하고 있다는 것이다.

괄호 안의 겸어동사 및 단어를 어순에 맞게 배열하여 문장을 완성해 보세요.

① 老师＿＿＿＿＿＿＿＿＿＿＿＿＿＿。 (让 / 先 / 回家 / 雨林)

② 那个消息＿＿＿＿＿＿＿＿＿＿＿＿＿＿。 (使 / 高兴 / 很 / 他)
   └→ xiāoxi 옝 소식, 정보

③ 公司＿＿＿＿＿＿＿＿＿＿＿＿＿＿。 (我 / 去 / 美国 / 派 / 开会)
   └→ kāi huì 동 회의를 하다

④ 李先生＿＿＿＿＿＿＿＿＿＿＿＿＿＿。 (送 / 火车站 / 到 / 我)

一点儿也不……

부정문에서 '一点儿'은 「一点儿也不……」의 형식으로 술어 앞에 쓰여, '조금도 ~하지 않다'라는 의미의 강한 부정을 나타낸다. 목적어가 있을 때는 일반적으로 목적어를 문장 앞쪽에 놓는다. '也' 대신 '都'를 쓸 수 있다.

行李一点儿也不重。
Xíngli yìdiǎnr yě bú zhòng.

这件衣服我一点儿都不喜欢。
Zhè jiàn yīfu wǒ yìdiǎnr dōu bù xǐhuan.

「一点儿也不……」 형식을 사용하여 부정문을 만들어 보세요.

① 天气很热。　　　　　　→ ＿＿＿＿＿＿＿＿＿＿＿＿＿

② 汉语很难。　　　　　　→ ＿＿＿＿＿＿＿＿＿＿＿＿＿

③ 他懂英语。　　　　　　→ ＿＿＿＿＿＿＿＿＿＿＿＿＿

④ 我喜欢看中国电影。　　→ ＿＿＿＿＿＿＿＿＿＿＿＿＿

표현 가지를 치다

1 行李一点也不重。

我 wǒ   累 lèi
这个 zhè ge   便宜 piányi
天气 tiānqì   冷 lěng

2 我的车就停在停车场。

那本书 nà běn shū   放 fàng   桌子上 zhuōzi shang
朋友 péngyou   坐 zuò   沙发上 shāfā shang
小孩儿 xiǎoháir   睡 shuì   床上 chuáng shang

• 小孩儿 xiǎoháir 어린아이

3 我打算先让他住在宿舍，然后再帮他找房子。

让他回家 ràng tā huí jiā   和他联系 hé tā liánxì
看电影 kàn diànyǐng   去买东西 qù mǎi dōngxi
去颐和园 qù Yíhéyuán   去天安门 qù Tiān'ānmén

• 联系 liánxì 연락하다   • 颐和园 Yíhéyuán 이허위엔 [베이징의 황실 정원]

1 녹음을 듣고 녹음 내용과 일치하면 O, 일치하지 않으면 X를 표시해 보세요. 🎧09-06

(1) 明天我能去看电影。 （　　　）

(2) 明天我去接朋友。 （　　　）

(3) 我让他住在学校宿舍。 （　　　）

(4) 他要待到下星期六。 （　　　）

2 그림을 보고 제시된 단어를 활용해 대화를 완성한 후, 친구와 대화해 보세요.

①

A 好吃吗？

B ＿＿＿＿＿＿＿ （一点儿也不……）

②

A ＿＿＿＿＿＿＿ （让 / 不好意思）

B 您这是哪儿的话！

③

A 你＿＿＿＿＿＿＿。（先……然后）

B 好的。

④

A 你住在哪儿？

B 我＿＿＿＿＿＿＿。（在）

3 주어진 대화문의 빈칸에 알맞은 말을 보기 에서 골라 넣고 대화해 보세요.

보기

| 让你久等了 | 送你到宿舍 | 累了吧 |

A 对不起，＿＿＿＿＿＿＿＿＿＿＿。

B 没关系。飞机晚点了吧？

A 是啊，今天早上首尔下大雾。
         └→zǎoshang 명 아침

B 一路上辛苦了。＿＿＿＿＿＿＿＿＿＿？

A 有一点儿累。

B 我＿＿＿＿＿＿＿＿＿＿＿。你先休息一会儿吧。

A 好。谢谢！

4 다음 중 한 사람이 중국으로 온다고 가정하고, 회화를 참고하여 친구와 대화해 보세요.

(1)

(2)

(3)

	(1)	(2)	(3)
소속	한국 대학교	대한 은행	서울 태권도장
체류 도시	베이징(北京)	칭다오(青岛)	상하이(上海)
예정 거주지	학교 기숙사	은행 기숙사	우리 집
체류 기간	올해 연말	내년 여름	후년 연초

A 明天＿＿＿＿＿＿派人来＿＿＿＿＿＿＿。我得开车去接他/她。

B 他/她到这儿以后，住在哪儿？你为他/她找到住处啦？

A 我打算让他/她住在＿＿＿＿＿＿＿。

B 他/她要在＿＿＿＿＿＿待到什么时候？

A 他/她要待到＿＿＿＿＿＿。

참고단어 跆拳道馆 táiquándàoguǎn 태권도장 | 后年 hòunián 후년 | 年初 niánchū 연초

중국의 기숙사는 어떤 모습일까?

중국의 대학생들은 모두 기숙사에서 생활한다. 대부분 대학교의 기숙사는 4인실이나 6인실이며, 대개 방마다 에어컨이 있고 화장실과 욕실이 있다. 기숙사비는 아주 저렴하다. 공용 세탁실이 있어서 전용 카드나 즈푸바오(支付宝)로 QR 코드를 스캔해서 세탁기를 사용할 수 있다. 공용 주방이 있는 경우도 있지만 대부분의 학생들은 기숙사 식당에서 뷔페식의 식사를 한다.

중국 대학들은 중국 학생 기숙사와 유학생 기숙사를 분리해서 관리하며 기숙사마다 관리인이 상주한다. 중국 학생 기숙사는 남자 기숙사와 여자 기숙사가 분리되어 있지만 유학생 기숙사는 남녀가 한 건물을 사용하는 경우도 많다. 유학생 기숙사는 대개 1인실, 2인실, 4인실이며 기숙사비는 중국 학생 기숙사보다 훨씬 비싸지만 비싼 만큼 중국 학생들의 기숙사보다 시설이 좋다. 가격이 비싼 곳은 시설이 호텔에 버금가는 곳도 있다.

중국의 대학은 자체적으로 영리 활동을 할 수 있는데, 호텔을 지어서 단기 유학생을 받기도 하고, 외부 손님을 숙박시키기도 한다. 만일 중국에 가서 안전하면서도 저렴한 숙박을 원한다면 각 대학에서 운영하는 호텔에 투숙하는 것도 좋은 방법이다.

중국 모 대학의 기숙사 전경

10

一美元兑换
多少人民币?

1달러는 런민삐 얼마로 바꿀 수 있습니까?

1

환전 등 은행에서 주로 사용하는 표현을 말할 수 있다.

2

단순방향보어를 이해하고 표현할 수 있다.

- 人民币 rénmínbì
  명 런민삐 [중국의 법정 화폐]

- 花 huā 동 소비하다, 쓰다 명 꽃

- 光 guāng 형 조금도 남지 않다, 전혀 없다

- 换 huàn 동 교환하다, 바꾸다

- 换钱 huàn qián 동 환전하다

- 饭店 fàndiàn 명 호텔

- 家 jiā 양 [가정·가게·기업 따위를 세는 단위]

- 汇率 huìlǜ 명 환율

- 清楚 qīngchu 동 이해하다 형 분명하다

- 查 chá 동 찾아보다, 조사하다

- 美元 měiyuán 명 미국 달러(dollar)

- 兑换 duìhuàn 동 화폐로 교환하다

- 填 tián 동 (기입란·공란 등에) 기입하다

- 表 biǎo 명 표

- 出示 chūshì 동 제시하다, 내보이다

- 护照 hùzhào 명 여권

- 糟糕 zāogāo 아뿔싸! 아차!

- 忘 wàng 동 잊다, 망각하다

- 马上 mǎshàng 부 곧, 즉시

- 房间 fángjiān 명 방

- 办理 bànlǐ 동 처리하다

- 每次 měi cì 명 매번

- 现金 xiànjīn 명 현금

- 东西 dōngxi 명 물품, 물건, 음식

- 又 yòu 부 또, 한편, 또한

- 安全 ānquán 명 형 안전(하다)

- 开户 kāi hù 동 계좌를 개설하다

- 知道 zhīdao 동 알다

- 申请 shēnqǐng 명 동 신청(하다)

- 微信支付 Wēixìn Zhīfù 고유 위챗페이

- 只要 zhǐyào 접 ~하기만 하면, 만약 ~라면

- 卡 kǎ 명 카드(card) [음역어]

- 行 xíng 형 좋다, 괜찮다, 충분하다

- 过来 guòlai 동 (화자 쪽으로) 오다

리듬을 따라하며 문장의 구조를 자연스럽게 익혀 보세요.　🎧 10-02

1

一美元兑换多少人民币?

Yì měiyuán duìhuàn duōshao rénmínbì?

1달러는 런민삐 얼마로 바꿀 수 있습니까?

♪ 多少人民币
兑换／多少人民币
一美元／兑换／多少人民币?

2

我在手机上帮你查查。

Wǒ zài shǒujī shang bāng nǐ chácha.

내가 휴대 전화로 찾아 볼게.

♪ 查查
帮你／查查
我在手机上／帮你／查查。

3

请出示一下您的护照。

Qǐng chūshì yíxià nín de hùzhào.

여권 좀 제시해 주세요.

♪ 您的护照
出示一下／您的护照
请／出示一下／您的护照。

4

只要有银行卡就行。

Zhǐyào yǒu yínhángkǎ jiù xíng.

은행 카드만 있으면 돼요.

♪ 就行
有银行卡／就行
只要／有银行卡／就行。

1 .... 🎧 10-03

나현 我带的人民币就要花光了。
Wǒ dài de rénmínbì jiùyào huāguāng le.

在哪儿能换钱呢？
Zài nǎr néng huàn qián ne?

자오량 你住的饭店旁边就有一家银行，
Nǐ zhù de fàndiàn pángbiān jiù yǒu yì jiā yínháng,

去那儿换吧。
qù nàr huàn ba.

나현 最近的汇率是多少？
Zuìjìn de huìlǜ shì duōshao?

자오량 我也不太清楚，我在手机上帮你查查。
Wǒ yě bú tài qīngchu, wǒ zài shǒujī shang bāng nǐ chácha.

나현 您好！我想换钱。
Nín hǎo! Wǒ xiǎng huàn qián.

今天一美元兑换多少人民币？
Jīntiān yì měiyuán duìhuàn duōshao rénmínbì?

은행 직원 六块九。请先填一下这张表儿。
Liù kuài jiǔ. Qǐng xiān tián yíxià zhè zhāng biǎor.

나현 填好了，您看一下。
Tiánhǎo le, nín kàn yíxià.

은행 직원 好的，请出示一下您的护照。
Hǎo de, qǐng chūshì yíxià nín de hùzhào.

나현 糟糕！我的护照忘在❶饭店了，
Zāogāo! Wǒ de hùzhào wàng zài fàndiàn le,

我马上回房间去拿。
wǒ mǎshàng huí fángjiān qù ná.

은행 직원 那等您拿来，我再帮您办理。
Nà děng nín nálai, wǒ zài bāng nín bànlǐ.

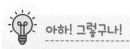 아하! 그렇구나!

❶ 「忘在……」는 '잊어버리고 ~에 놓아두었다'라는 뜻으로, '忘在饭店'은 '잊어버리고 호텔에 놓아두었다'라는 의미이다.

우림 你每次都用现金买东西，
Nǐ měi cì dōu yòng xiànjīn mǎi dōngxi,

又不方便又不安全，去银行开个户❷吧。
yòu bù fāngbiàn yòu bù ānquán, qù yínháng kāi ge hù ba.

현철 好的，明天我就去。
Hǎo de, míngtiān wǒ jiù qù.

우림 一定要带护照。
Yídìng yào dài hùzhào.

현철 知道了。我也能申请微信支付吗?
Zhīdao le. Wǒ yě néng shēnqǐng Wēixìn Zhīfù ma?

우림 当然。只要有银行卡就行。
Dāngrán. Zhǐyào yǒu yínhángkǎ jiù xíng.

현철 太好了! 有了微信支付，做什么都会更方便的。
Tài hǎo le! Yǒu le Wēixìn Zhīfù, zuò shénme dōu huì gèng fāngbiàn de.

우림 你来中国不久，如果有什么不知道的，
Nǐ lái Zhōngguó bù jiǔ, rúguǒ yǒu shénme bù zhīdao de,

就过来问我吧。
jiù guòlai wèn wǒ ba.

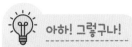
아하! 그렇구나!

❷ '开户'는 「동사(开)+목적어(户)」 구조의 단어로, '계좌를 개설하다'라는 의미이다. 동사와 목적어 사이에 '个'를 넣으면 동작을 가볍게 시도함을 나타낸다.

어법 회화에 날개를 달다

방향보어 1 – 단순방향보어

동사의 뒤에 붙어서 이동의 방향을 나타내는 보어를 '방향보어(趋向补语)'라고 한다. 방향 보어로 쓰이는 동사로는 '来', '去', '上', '下', '进', '出', '回', '过', '起', '开'가 있다. 이 동사들이 단독으로 보어로 쓰일 때 '단순방향보어'라고 한다. 그중 '来', '去'는 상용되는 대표적인 단순방향보어이다.

동사+방향보어(来/去/上/下/进/出/回/过/起/开)
단순방향보어

你快跑去拿吧。
Nǐ kuài pǎoqu ná ba.

有问题，就过来问我吧。
Yǒu wèntí, jiù guòlai wèn wǒ ba.

장소를 나타내는 목적어는 방향보어가 '来', '去'이면 그 앞에 오고, 그 밖의 방향보어이면 그 뒤에 온다.

我马上回房间去拿。
Wǒ mǎshàng huí fángjiān qù ná.

他们唱着歌走进房间。
Tāmen chàng zhe gē zǒujìn fángjiān.

주어진 단어를 어순에 맞게 배열하여 문장을 완성해 보세요.

① 回 / 公司 / 我 / 要 / 去
→ _____

② 楼 / 吧 / 上 / 你们 / 来 / 快
→ _____

③ 吧 / 开 / 窗户 / 打
→ _____

又……又……

'~하기도 하고, ~하기도 하다'라는 의미로, 두 개의 술어를 병렬하여 두 가지 상태가 동시에 존재함을 나타낸다.

你每次都用现金买东西，又不方便又不安全。
Nǐ měi cì dōu yòng xiànjīn mǎi dōngxi, yòu bù fāngbiàn yòu bù ānquán.

这个东西又大又重，怎么才能搬走呢？
Zhè ge dōngxi yòu dà yòu zhòng, zěnme cái néng bānzǒu ne?

搬走 bānzǒu 통 옮겨가다

「又……又……」 형식을 사용해서 문장을 완성해 보세요.

① 他_____。(高 / 帅)
→shuài 형 멋지다, 스마트하다

② 这件衣服_____。(便宜 / 漂亮)

③ 这道菜_____。(苦 / 辣)
kǔ 형 쓰다 ←   →là 형 맵다

只要……就……

'~하기만 하면, ~하게 된다'라는 뜻으로 두 개의 절이나 술어를 서로 연결하여, 어떤 최소한의 조건만 충족되면 어떤 결과를 얻을 수 있음을 나타낸다.

只要有银行卡就行。
Zhǐyào yǒu yínhángkǎ jiù xíng.

只要努力，就一定会有好结果。
Zhǐyào nǔlì, jiù yídìng huì yǒu hǎo jiéguǒ.

努力 nǔlì 통 노력하다, 힘쓰다 | 结果 jiéguǒ 명 결실, 결과

'只要'와 '就'가 들어갈 위치를 체크해 보세요.

① ⓐ价格 ⓑ便宜 ⓒ我 ⓓ买。

② ⓐ天气 ⓑ好，ⓒ我们 ⓓ出发。

③ 你们 ⓐ努力 ⓑ学习，ⓒ会有 ⓓ进步的。
→jìnbù 명 통 진보(하다)

1

今天一美元兑换多少人民币?

韩元 hányuán
日元 rìyuán
欧元 ōuyuán

• **韩元** hányuán 원화 • **日元** rìyuán 엔 • **欧元** ōuyuán 유로

2

等您拿来，我再帮您办理。

买来 mǎilai　　　做饭 zuò fàn
躺下 tǎngxia　　　关灯 guān dēng
出去 chūqu　　　打电话 dǎ diànhuà

• **躺下** tǎngxia 눕다, 드러눕다 • **关** guān 닫다, 끄다 • **灯** dēng 등, 등불

3

只要有银行卡就行。

不下雨 bú xià yǔ　　　　去公园玩儿 qù gōngyuán wánr
价格便宜 jiàgé piányi　　　买 mǎi
努力学习 nǔlì xuéxí　　　会有好结果 huì yǒu hǎo jiéguǒ

연습 실력이 늘다

1 녹음을 듣고 녹음 내용과 일치하면 O, 일치하지 않으면 X를 표시해 보세요. 🎧 10-06

(1) 今天我想去换钱。 ( )

(2) 我的现金快用完了。 ( )

(3) 外国人也能开户。 ( )
     └─────→ wàiguórén 몡 외국인

(4) 我想申请微信支付。 ( )

2 그림의 상황과 제시된 단어를 활용해 대화의 우리말 부분을 중국어로 옮겨 보세요.

(1)

进

_____

(2)

出

_____

(3)

回

_____

(4)

上

_____

3 주어진 대화문의 빈칸에 알맞은 말을 보기 에서 골라 넣고 대화해 보세요.

보기

可以在饭店里换　　有没有银行　　快花光了　　陪你去

A 我的人民币＿＿＿＿＿＿＿＿＿＿＿＿＿＿＿＿。

B 你要换钱吗？

A 是的。这儿附近＿＿＿＿＿＿＿＿＿＿＿＿＿＿？

B 银行离这儿很远。你＿＿＿＿＿＿＿＿＿＿＿＿＿＿。

A 是吗？那我下楼去换。

　　　　　　　→ xià lóu 图 (위층 계단 따위에서) 내려가다

B 我＿＿＿＿＿＿＿＿＿＿＿＿＿＿＿＿。

A 谢谢！

4 표의 내용에 근거해서, 고객과 은행 직원의 역할로 나누어 대화해 보세요.

구입할 외화	런민삐
환율	$1＝¥6.8
환전 금액	$200
필요 서류	여권

중국 은행 이용하기

중국에서 환전을 하거나 입출금을 하려면 당연히 은행을 찾게 되겠지만 그런 목적이 아니더라도 중국에서 일정 기간 편리하게 생활하려면 은행 계좌 개설은 필수이다. 일상생활에서 모바일 결제 서비스가 폭넓게 사용되므로 현금은 거의 사용할 필요가 없는데, 모바일 결제 서비스를 편리하게 사용하려면 먼저 은행 계좌가 개설되어 있어야 하기 때문이다. 택시 호출 서비스나 공유 자전거 서비스 등도 모바일 결제를 통해서 이루어지는데 이를 위해서도 은행 계좌는 꼭 필요하다. 중국에서 모바일 결제를 할 수 없으면 편리한 서비스를 제공 받지 못하는 불편함을 감수해야 한다.

은행에서 개인 통장을 개설하려면 여권 등의 서류와 함께 중국에서 발급된 휴대전화 번호가 필요하다. 통장 개설을 하면 체크 카드를 받게 되어 현금 인출기를 편리하게 사용할 수 있다. 요즘은 종이 통장을 발급하지 않는 경우가 많으므로, 종이 통장을 원하면 따로 요구를 해야 한다.

중국에서 은행에 가면 한국과 다른 모습을 발견할 수 있는데, 은행 창구에 유리 칸막이가 설치되어 있다는 것이다. 이는 방탄유리로 되어 있어서 강도나 기타 위험으로부터 보호하기 위한 것이라고 한다.

①, ② 중국의 은행과 ATM 시설

11

有没有一室
一厅的?

방 한 개, 거실 하나짜리 있습니까?

1

방 구하기와 관련된 표현을 말할 수 있다.

2

형용사를 중첩하여 말할 수 있다.

3

존현문을 이해하고 표현할 수 있다.

- 租 zū 동 세내다, 빌리다, 세놓다, 빌려주다

- 套 tào 양 벌, 세트 [벌·조·세트로 이루어진 것을 세는 양사]

- 近 jìn 형 가깝다

- 刚好 gānghǎo 부 알맞게, 때마침

- 公寓 gōngyù 명 아파트

- 搬 bān 동 운반하다, 이사하다

- 搬走 bānzǒu 동 이사하여 가다

- 室 shì 명 방

- 厅 tīng 명 큰방, 홀

- 房租 fángzū 명 집세

- 盖 gài 동 집을 짓다

- 座 zuò 양 좌, 동, 채 [건물을 세는 양사]

- 间 jiān 양 칸 [방을 세는 양사]

- 空房 kòngfáng 명 빈집

- 付 fù 동 지불하다, 지출하다

- 押金 yājīn 명 보증금

- 迷路 mí lù 동 길을 잃다

- 小区 xiǎoqū 명 거주·휴식 시설이 모여있는 일정 구역

- 窗户 chuānghu 명 창문

- 显眼 xiǎnyǎn 형 눈에 띄다, 두드러지다

- 那边 nàbiān 대 그곳, 그쪽, 저곳, 저쪽

- 错 cuò 형 틀리다, 맞지 않다

- 户 hù 명양 집, 가정, 세대, 가구

- 环境 huánjìng 명 환경, 주위 상황

- 红 hóng 형 붉다, 빨갛다

- 绿 lǜ 형 푸르다

- 树 shù 명 나무

- 道路 dàolù 명 도로, 길

- 干净 gānjìng 형 깨끗하다, 깔끔하다

- 进去 jìnqu 동 들어가다

리듬을 따라하며 문장의 구조를 자연스럽게 익혀 보세요.　　　🎧 11-02

刚好新华公寓搬走一家。　　🎵　搬走一家

Gānghǎo Xīnhuá Gōngyù bānzǒu yì jiā.

때마침 신화 아파트에서 한 가구가 이사를 갔습니다.

新华公寓／搬走一家

刚好／新华公寓／搬走一家。

那儿一个月的房租是多少?　　🎵　房租／是多少

Nàr yí ge yuè de fángzū shì duōshao?

그곳은 한 달 집세가 얼마입니까?

一个月的房租／是多少

那儿／一个月的房租／是多少?

这儿有没有一室一厅的?　　🎵　有没有／一室一厅的

Zhèr yǒu méiyǒu yí shì yì tīng de?

여기에 방 한 개, 거실 하나짜리가 있습니까?

这儿／有没有／一室一厅的?

我们现在可以去看房吗?　　🎵　去看房吗

Wǒmen xiànzài kěyǐ qù kàn fáng ma?

우리가 지금 집을 보러 가도 됩니까?

可以／去看房吗

我们现在／可以／去看房吗?

1 .... 🎧 11-03

현철   我想租一套房子，
Wǒ xiǎng zū yí tào fángzi,

现철   有没有离北京大学近一点儿的？
yǒu méiyǒu lí Běijīng Dàxué jìn yìdiǎnr de?

남자   刚好新华公寓搬走一家，两室一厅❶。
Gānghǎo Xīnhuá Gōngyù bānzǒu yì jiā, liǎng shì yì tīng.

우림   那儿一个月的房租是多少？
Nàr yí ge yuè de fángzū shì duōshao?

남자   一个月八千。
Yí ge yuè bā qiān.

현철   有没有一室一厅的？
Yǒu méiyǒu yí shì yì tīng de?

남자   中国银行附近新盖了一座公寓，
Zhōngguó Yínháng fùjìn xīn gài le yí zuò gōngyù,

      现在有几间空房。
xiànzài yǒu jǐ jiān kòngfáng.

💡 아하! 그렇구나!

❶ '两室'는 '두 개의 침실'을, '一厅'은 '하나의 거실'을 의미하여, '两室一厅'은 침실 두 개와 거실 하나가 갖추어
진 집을 가리킨다.

우림　那儿一个月多少钱？
Nàr yí ge yuè duōshao qián?

남자　一个月六千块。要先付一个月的押金。
Yí ge yuè liù qiān kuài. Yào xiān fù yí ge yuè de yājīn.

현철　我们现在可以去看房吗？
Wǒmen xiànzài kěyǐ qù kàn fáng ma?

남자　当然可以。
Dāngrán kěyǐ.

2 ⌒ 11-04

우림　娜贤怎么还没来？是不是迷路了？
Nàxián zěnme hái méi lái? Shì bu shì mí lù le?

현철　不会吧。我们小区的楼高高的，
Bú huì ba. Wǒmen xiǎoqū de lóu gāogāo de,

窗户大大的，挺显眼的。
chuānghu dàdà de, tǐng xiǎnyǎn de.

우림 你看，那边来了很多人，里面有没有娜贤？
Nǐ kàn, nàbiān lái le hěn duō rén, lǐmian yǒu méiyǒu Nàxián?

현철 娜贤！我们在这儿。
Nàxián! Wǒmen zài zhèr.

나현 对不起，我坐错车❷了。
Duìbuqǐ, wǒ zuòcuò chē le.

哇！这小区真大呀，一共住着多少户？
Wā! Zhè xiǎoqū zhēn dà ya, yígòng zhù zhe duōshao hù?

현철 住着一千多户。
Zhù zhe yì qiān duō hù.

나현 这小区的环境真不错，红红的花、绿绿的树，
Zhè xiǎoqū de huánjìng zhēn búcuò, hónghóng de huā、lǜlǜ de shù,

道路也干干净净的。
dàolù yě gāngan jìngjìng de.

현철 我们进去吧。
Wǒmen jìnqu ba.

 아하! 그렇구나!

❷ '차를 잘못 탔다'라는 뜻이다. '错'가 결과보어로 쓰이면 동작 행위가 잘못됐음을 나타낸다.

예 我看错了。 내가 잘못 봤다.

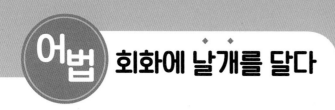

형용사 중첩

형용사를 중첩하면 형용사의 묘사적 의미가 강화된다. 1음절 형용사 A는 AA형식으로, 2음절 형용사 AB는 AABB형식으로 중첩한다. 1음절 형용사를 중첩하면 두 번째 음절에 강세가 오며, 2음절 형용사를 중첩하면 네 번째 음절을 가장 강하게 발음하고 두 번째 음절은 경성으로 발음한다.

	1음절 형용사 중첩	2음절 형용사 중첩
중첩 형식	好 → 好好 hǎo　hǎohāo 大 → 大大 dà　dàdà	高兴 → 高高兴兴 gāoxìng　gāogao xìngxìng 漂亮 → 漂漂亮亮 piàoliang　piàopiao liàngliàng
강세	○ ◎	○ · ○◎

중첩된 형용사는 정도부사의 수식을 받지 않는다.

很好好 (X)　│　非常高高兴兴 (X)

중첩된 형용사가 명사를 수식하거나 술어로 쓰일 때는 끝에 '的'를 붙인다.

红红的花、绿绿的树，道路也干干净净的。
Hónghóng de huā, lǜlǜ de shù, dàolù yě gāngan jìngjìng de.

我们小区的楼高高的，窗户大大的，挺显眼的。
Wǒmen xiǎoqū de lóu gāogāo de, chuānghu dàdà de, tǐng xiǎnyǎn de.

밑줄 친 형용사를 중첩시켜, 형용사 중첩 형식이 포함된 문장으로 바꿔보세요.

① 这个人个子很高。　　　　　　　　→ _____

② 房间打扫得很干净。　　　　　　　→ _____
　　　　　dǎsǎo 동 청소하다

③ 那个孩子，长头发、大眼睛，可爱极了。　→ _____
　　　　　　　　　　　kě'ài 형 귀엽다

존현문(存現句)은 중국어의 특수한 문장 형식으로, 일정한 장소에 어떤 사람이나 사물이 존재하거나 출현 혹은 없어짐을 나타내는 문장이다. 「장소+동사+사람·사물」의 형식으로 쓰이는데 의미상 다음의 두 가지로 구분할 수 있다.

① 일정한 장소에 어떤 사람·사물이 존재하고 있음을 나타낸다.

这小区住着一千多户。
Zhè xiǎoqū zhù zhe yì qiān duō hù.

桌子上放着一本书。
Zhuōzi shang fàng zhe yì běn shū.

② 일정한 장소에서 어떤 사람·사물이 출현했거나 사라졌음을 나타낸다.

那边来了很多人。
Nàbiān lái le hěn duō rén.

刚好新华公寓搬走一家。
Gānghǎo Xīnhuá Gōngyù bānzǒu yì jiā.

존현문에서 문장 맨 앞에 쓰인 장소명사구는 듣는 사람이 이미 알고 있는 장소이며, 동사 뒤에 오는 명사구는 처음으로 소개되는 사람이나 사물로서 대부분 수량구를 동반한다.

그림과 주어진 단어를 보고 그림의 상황을 존현문으로 만들어 보세요.

①

坐着

沙发上_____。

②

放着

椅子上_____。

③

来了

我们班_____。
└→ bān 명 반

144

1

这小区住着一千多户。

很多人 hěn duō rén
不少韩国人 bù shǎo Hánguó rén
几个外国留学生 jǐ ge wàiguó liúxuéshēng

- 外国 wàiguó 외국 ・留学生 liúxuéshēng 유학생

2

道路干干净净的。

房间 fángjiān　　小小 xiǎoxiǎo
个子 gèzi　　　矮矮 ǎiǎi
书包 shūbāo　　小小 xiǎoxiǎo

- 小 xiǎo 작다 ・矮 ǎi (키가) 작다

3

娜贤怎么还没来，是不是迷路了?

没来上课 méi lái shàng kè　　生病了 shēng bìng le
不吃饭 bù chī fàn　　　　　肚子不舒服 dùzi bù shūfu
不见了 bú jiàn le　　　　　先回家了 xiān huí jiā le

- 生病 shēng bìng 병이 나다

1 녹음을 듣고 녹음 내용과 일치하면 O, 일치하지 않으면 X를 표시해 보세요.　🎧 11-06

(1) 娜贤很想住在学校宿舍。　　　　(　)

(2) 她打算租一套房子。　　　　　　(　)

(3) 新华公寓搬走一家，两室一厅。　(　)

(4) 新华公寓离学校不远。　　　　　(　)

2 보기 에 제시된 형용사의 중첩을 활용하여 가족이나 친구의 모습에 대해서 말해 보세요.

보기

高　矮　厚　大　小　长
　　　 └→ hòu 형 두껍다

我爸爸个子＿＿＿＿＿＿的。　　　我妈妈头发＿＿＿＿＿＿的。

她眼睛＿＿＿＿＿的。　　　　　　他嘴唇＿＿＿＿＿＿的。
　　　　　　　　　　　　　　　　　　 └→ zuǐchún 명 입술

3 주어진 대화문의 빈칸에 알맞은 말을 보기 에서 골라 넣고 대화해 보세요.

보기

| 住着两千多户 | 来了一个人 | 坐错车了 | 是不是迷路了 |

A 雨林怎么还没来? 他_____?

B 那边_____，是不是雨林?

A 雨林！我们在这儿。

C 对不起，我_____。哇！这小区真大呀！

A 对。一共_____。

C 环境也很不错。

4 이 과에서 배운 표현을 활용하여 친구와 함께 대화해 보세요.

A 我想租一套房子。

　　有没有离_____近一点儿的?

B _____附近新盖了一座公寓，有_____间空房。

A 有没有_____室_____厅的?

B 有。

A 一个月的房租是多少?

B 一个月_____。

중국의 주택과 부동산

중국을 여행하면 어디에서나 아파트나 빌딩 건설이 한창인 것을 볼 수 있다. 특히 대규모의 인구가 도시로 유입되면서 부동산 시장이 과도하게 커져서 도시의 인구수를 넘어서는 아파트 매물이 사회적 문제로 대두되고 있다.

중국의 경제 성장과 더불어 부동산에 대한 중국인의 관심이 커져가면서 부동산 가격도 빠르게 상승해 왔다. 부동산에 투자한 개인들은 수 배의 이익을 챙기기도 했으나 부동산의 거품도 끊임없이 커져 갔다. 이에 중국 정부는 중국 경제의 거품을 빼고 연착륙을 시도하고 있어 부동산 시장의 활성화는 어느 정도 타격을 받을 것으로 전망하기도 한다.

중국은 사회주의 체제로서 헌법에 도시 지역의 토지는 국가 소유이고 농촌 지역의 토지는 집체 소유라고 명시되어 있다. 토지 소유권의 매매나 증여는 불가능하고 국가로부터 유상 혹은 무상으로 토지 사용권을 빌릴 수 있다. 무상으로 임대할 수 있는 토지는 일반적으로 정부 관공서나 대학 건물이 있는 토지이고, 유상으로 임대할 수 있는 토지는 개인이 사용권을 매매하거나 양도 및 저당을 할 수 있다.

토지의 사용 기간은 용도에 따라 다른데 주택 용지의 경우 70년간 임대할 수 있다. 2007년 새 물권법이 제정되면서 국공유 재산과 마찬가지로 사유 재산도 동등하게 보호받게 되었다. 이에 따라 개인이 사들인 주택의 토지 사용권 기한이 지나면 자동 연장되도록 하는 등 사유 재산을 보호하게 되었다. 앞으로 중국이 '중국적 사회주의'의 기치 하에 자본주의 제도를 얼마나 흡수하여 어디까지 변모할지 궁금하다.

①, ② 주택 건설이 한창인 한 공사장

12

请您把房卡和
早餐券拿好。

객실 카드와 조식권을 가져가십시오.

1
호텔 이용과 관련된 여러 가지 표현을 말할 수 있다.

2
복합방향보어를 이해하고 말할 수 있다.

3
'把자문'을 이해하고 표현할 수 있다.

- 预订 yùdìng 동 예약하다

- 标准间 biāozhǔnjiān 명 일반실, 스탠다드룸

- 安排 ānpái 동 안배하다, 배정하다

- 楼层 lóucéng 명 (건물의) 2층 이상의 각층

- 把 bǎ 개 [동사의 앞에서 동작을 받는 대상을 나타낼 때 씀]

- 复印 fùyìn 동 복사하다

- 交 jiāo 동 내다, 건네다

- 信用卡 xìnyòngkǎ 명 신용 카드

- 手续 shǒuxù 명 수속, 절차

- 房卡 fángkǎ 명 객실 카드

- 早餐券 zǎocānquàn 명 조식권

- 黄浦江 Huángpǔjiāng 고유 황푸강

- 欣赏 xīnshǎng 동 감상하다

- 夜景 yèjǐng 명 야경, 밤 정경

- 下楼 xià lóu 동 (위층·계단 따위에서) 내려가다

- 赶快 gǎnkuài 부 빨리, 얼른, 어서

- 跟着 gēnzhe 동 따라가다, 쫓다

- 下去 xiàqu 동 (위에서 아래로) 내려가다

- 整理 zhěnglǐ 명 정리, 정돈
  동 정리하다, 정돈하다

- 照相 zhào xiàng 동 사진을 찍다

- 照相机 zhàoxiàngjī 명 사진기, 카메라

- 急忙 jímáng 부 급하게, 바쁘게, 분주하게

- 地 de 조 [단어나 구가 부사어로 쓰여, 동사·형용사를 수식하는 경우에 쓰임]

- 跑 pǎo 동 달리다, 뛰다

- 出来 chūlai 동 (안에서 밖으로) 나오다

- 回去 huíqu 동 돌아가다

- 脖子 bózi 명 목

- 挂 guà 동 (고리·못 따위에) 걸다

- 哎呀 āiyā 감 아야! 아이쿠!

- 糊涂 hútu 형 어리석다, 멍청하다

리듬을 따라하며 문장의 구조를 자연스럽게 익혀 보세요.　🎧 12-02

1

请您把房卡拿好。

Qǐng nín bǎ fángkǎ náhǎo.

객실 카드를 가져가십시오.

♪ 拿好

把房卡／拿好

请您／把房卡／拿好。

2

我马上把行李送上去。

Wǒ mǎshàng bǎ xíngli sòng shangqu.

제가 바로 짐을 올려드리겠습니다.

♪ 送上去

把行李／送上去

我马上／把行李／送上去。

3

我们一起照张相吧!

Wǒmen yìqǐ zhào zhāng xiàng ba!

우리 함께 사진 좀 찍어요!

♪ 照张相吧

一起／照张相

我们／一起／照张相吧!

4

我在网上预订了房间。

Wǒ zài wǎng shang yùdìng le fángjiān.

제가 인터넷으로 방을 예약했습니다.

♪ 预订了／房间

在网上／预订了／房间

我／在网上／预订了／房间。

1 .... 🎧 12-03

종업원 1　您好!
　　　　　Nín hǎo!

나현　　我在网上预订了房间。
　　　　Wǒ zài wǎng shang yùdìng le fángjiān.

종업원 1　请出示您的护照。
　　　　　Qǐng chūshì nín de hùzhào.

　　　　您要两个标准间❶，住两天，对吗？
　　　　Nín yào liǎng ge biāozhǔnjiān, zhù liǎng tiān, duì ma?

나현　　对。可以给我安排高一点儿的楼层吗？
　　　　Duì. Kěyǐ gěi wǒ ānpái gāo yìdiǎnr de lóucéng ma?

종업원 1　好的。我把您的护照复印一下，
　　　　　Hǎode. Wǒ bǎ nín de hùzhào fùyìn yíxià,

　　　　还有您要先交押金。
　　　　háiyǒu nín yào xiān jiāo yājīn.

나현　　用信用卡，可以吗？
　　　　Yòng xìnyòngkǎ, kěyǐ ma?

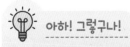
아하! 그렇구나!

❶ '标准间'은 호텔 객실 중 가장 기본적인 일반실(standard room)을 가리킨다.

종업원1 可以。手续都好了，请您把房卡和早餐券拿好。

Kěyǐ. Shǒuxù dōu hǎo le, qǐng nín bǎ fángkǎ hé zǎocānquàn náhǎo.

나현 对不起，我们的行李太多了。

Duìbuqǐ, wǒmen de xíngli tài duō le.

你能不能把行李送到我们的房间？

Nǐ néng bu néng bǎ xíngli sòngdào wǒmen de fángjiān?

종업원2 没问题。我马上把行李送上去。

Méi wèntí. Wǒ mǎshàng bǎ xíngli sòng shangqu.

2 · 🎧12-04

우림 贤哲，我们去黄浦江欣赏夜景，怎么样？

Xiánzhé, wǒmen qù Huángpǔjiāng xīnshǎng yèjǐng, zěnmeyàng?

현철 好啊，娜贤已经下楼了。

Hǎo a, Nàxián yǐjīng xià lóu le.

我们也赶快跟着❷下去吧！

Wǒmen yě gǎnkuài gēnzhe xiàqu ba!

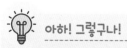
아하! 그렇구나!

❷ 「跟着+동사」는 '따라서 ~하다'라는 뜻이다. '跟着' 바로 뒤에는 목적어를 둘 수도 있다.

예 你跟着老王走。너는 라오왕을 따라 가거라.

우림 你先下去吧，我把行李整理好就去。

Nǐ xiān xiàqu ba, wǒ bǎ xíngli zhěnglǐhǎo jiù qù.

* * * * * * * *

（在黄浦江）

현철 哇，这儿的夜景真美。我们一起照张相❸吧！

Wā, zhèr de yèjǐng zhēn měi. Wǒmen yìqǐ zhào zhāng xiàng ba!

우림 我急急忙忙地跑出来，把照相机忘在房间里了。

Wǒ jíji mángmáng de pǎo chulai, bǎ zhàoxiàngjī wàng zài fángjiān li le.

나현 没关系。你赶快跑回去拿吧！

Méi guānxi. Nǐ gǎnkuài pǎo huiqu ná ba!

현철 照相机？不是在你脖子上挂着呢吗？

Zhàoxiàngjī? Bú shì zài nǐ bózi shang guà zhe ne ma?

우림 哎呀！你看我多糊涂！

Āiyā! Nǐ kàn wǒ duō hútu!

 아하! 그렇구나!

❸ '照相'은 「동사+목적어」의 구조를 가진 단어로서 그 사이에 양사 '张'을 넣으면 동작을 가볍게 시도함을 나타낸다.
（10과 130p 하단의 开户 설명 참조）

어법 회화에 날개를 달다

방향보어 2 - 복합방향보어

10과에서 방향보어의 개념과 단순방향보어에 대해 배운 바 있다.(131p 참조)
동사 뒤에 방향을 나타내는 보어가 두 개 연속으로 오는 경우가 있는데, 이를 '복합방향보어' 라고 한다. 동사 바로 뒤에 오는 방향보어로는 '上', '下', '进', '出', '回', '过', '起', '开'가 있 고, 그 뒤에 따라오는 방향보어로는 '来', '去'가 있다.

동사+방향보어	上来	下来	进来	出来	回来	过来	起来	开来
	上去	下去	进去	出去	回去	过去		开去

복합방향보어

我马上把行李送上去。
Wǒ mǎshàng bǎ xíngli sòng shangqu.

你赶快跑回去拿吧!
Nǐ gǎnkuài pǎo huiqu ná ba!

목적어가 장소를 나타내는 명사일 때, 목적어는 반드시 복합방향보어의 사이에 놓는다.

搬上楼来吧!
Bānshang lóu lai ba!

他跑回宿舍去了。
Tā pǎohui sùshè qu le.

주어진 단어를 알맞게 배열하여 문장을 완성해 보세요.

① 那些孩子已经＿＿＿＿＿＿＿＿＿＿了。（出 / 去 / 跑）

② 他们＿＿＿＿＿＿＿＿＿＿了。（操场 / 走 / 来 / 进）
                                → cāochǎng 명 운동장

③ 他＿＿＿＿＿＿＿＿＿＿高兴地和大家聊天儿。（走 / 来 / 下 / 楼）
                  → liáo tiānr 동 한담하다, 잡담하다

把 자문

'把 자문'은 개사 '把'를 사용한 중국어의 특수 구문으로 그 형식은 다음과 같다.

주어 + 把 명사구 + 동사 + 부가 성분

'把' 바로 뒤에 오는 명사구는 동사의 동작 대상이다. 동사 뒤에 오는 부가 성분은 대부분 보어이며, 문장에서 전달하려고 하는 가장 중요한 정보이다.

我把行李整理好就去。
Wǒ bǎ xíngli zhěnglǐhǎo jiù qù.

他们把它搬出去了。
Tāmen bǎ tā bān chuqu le.

'把자문'에서 부정사나 조동사는 '把' 앞에 놓인다.

他没把书放回去。
Tā méi bǎ shū fàng huiqu.

我晚上要把作业做完。
Wǒ wǎnshang yào bǎ zuòyè zuòwán.

作业 zuòyè 몡 숙제

각 문장을 '把자문'으로 바꿔 보세요.

① 我已经做完作业了。

　→ 我已经把_____。

② 你去打开窗户吧。

　→ 你去把_____。

③ 他不会借给我那本书。
　　　　　　　→ jiè 동 빌리다, 빌려주다

　→ 他不会把_____。

🎧 12-05

1

你赶快跑回去拿吧!

上去 shangqu
下来 xialai
过来 guolai

2

我们一起照张相吧。

吃顿饭 chī dùn fàn
喝杯酒 hē bēi jiǔ
唱首歌 chàng shǒu gē

• 顿 dùn 번, 차례, 끼니

3

把照相机忘在房间里了。

手机 shǒujī   教室 jiàoshì
雨伞 yǔsǎn   商店 shāngdiàn
钱包 qiánbāo   家 jiā

• 商店 shāngdiàn 상점, 가게

1 녹음을 듣고 녹음 내용과 일치하면 O, 일치하지 않으면 X를 표시해 보세요. 🎧 12-06

(1) 娜贤明天去上海。 ( )

(2) 她们打电话订房间。 ( )

(3) 她们打算在上海待一个星期。 ( )

(4) 娜贤的护照不见了。 ( )

2 그림을 보고 알맞은 복합향방보어를 사용해 대화를 완성해 보세요.

(1)

A 小王呢?

B 不知道，刚才他接完电话
就＿＿＿＿＿＿了。(跑)

(2)

A 大家＿＿＿＿＿＿好不好? (站)
　　zhàn 图 서다

B 好!

(3)

A 哇，好漂亮啊!

B 那我们＿＿＿＿＿＿
逛一逛吧。(走)
└→ guàng 图 구경하다

(4)

A 他怎么不见了?

B 他有急事，＿＿＿家＿＿＿了。(跑)
jíshì 图 급한 일←

3 주어진 대화문의 빈칸에 알맞은 말을 [보기]에서 골라 넣고 대화해 보세요.

[보기]

照张相吧　　　　跑回去拿　　　　忘在房间里了

A　你快过来。这儿的风景太美了!

B　我们一起＿＿＿＿＿＿＿＿＿＿＿＿＿＿!

A　啊，我的照相机怎么不见了?

B　你是不是把它＿＿＿＿＿＿＿＿＿＿＿＿＿?

A　我真糊涂! 我＿＿＿＿＿＿＿＿＿＿＿＿＿。

B　好。我在这儿等你。

4 이 과에서 배운 표현을 활용하여 호텔 직원과 손님으로 역할로 나누어 대화해 보세요.

중국 그리고 중국 문화

중국의 호텔

우리나라에서는 '○○반점'이라는 간판이 보통 중국 음식점으로 익숙해져 있으나, 중국에서 '대반점(大饭店 dàfàndiàn)', '반점(饭店 fàndiàn)'과 같은 단어는 중국 음식점이 아니라 호텔을 가리킨다. 이 밖에 호텔은 '大酒店 dàjiǔdiàn', '宾馆 bīnguǎn' 등으로도 불린다.

한국에서는 호텔 등급을 무궁화로 표시하지만, 중국 호텔의 등급은 별로 나타낸다. 별이 3개 정도 되면 외국인이 숙박하는 데 별 지장이 없을 정도로 괜찮은 숙박 시설을 갖추고 있다. 거의 모든 호텔에 인터넷 시설이 되어 있어 노트북만 있으면 아이디와 비밀번호를 받아서 쉽게 인터넷에 접속할 수 있다.

호텔 예약은 호텔 예약사이트나 여행사를 통해서 쉽게 예약할 수 있다. 호텔에 도착해서 투숙하려면 여권을 보여 줘야 하고 서류에 필요한 인적 사항 기입을 요구 받을 수도 있다. 또한 투숙 시에는 일반적으로 어느 정도의 보증금(押金 yājīn)을 맡겨 두고 퇴실할 때 돌려받는다. 어떤 호텔에서는 신용 카드 정보를 요구하기도 한다.

호텔 객실 중 스탠다드룸은 '标准房 biāozhǔnfáng'이라고 부르며, 디럭스룸은 '豪华房 háohuáfáng', 스위트룸은 '套房 tàofáng'이라고 부른다. 싱글룸은 '单人房 dānrénfáng', 트윈룸은 '双人房 shuāngrénfáng'이라고 부른다.

중국의 호텔(宾馆) 전경

상하이의 한 5성급 호텔 로비의 모습

13

这次旅行我忘不了。

이번 여행을 저는 잊을 수 없습니다.

1

기차를 이용할 때 필요한 표현을 말할 수 있다.

2

가능보어를 이해하고 표현할 수 있다.

3

'是……的' 구문을 이해하고 말할 수 있다.

- 开 kāi 〈동〉(차량 따위를) 운전하다

- 上车 shàng chē 〈동〉차를 타다

- 来得及 láidejí 늦지 않다

- 来不及 láibují 미치지 못하다, 제 시간에 맞출 수 없다

- 买到 mǎidào 〈동〉사들이다, 사서 손에 넣다

- 软卧 ruǎnwò 〈명〉(열차의) 푹신한 침대

- 车厢 chēxiāng 〈명〉(열차의) 객실이나 수화물칸

- 餐车 cānchē 〈명〉식당차

- 过去 guòqu 〈동〉건너가다, 다가가다

- 小 xiǎo 〈형〉작다

- 包 bāo 〈명〉가방, 주머니

- 漂亮 piàoliang 〈형〉예쁘다, 아름답다

- 豫园 Yùyuán 〈고유〉위위엔 [정원 명]

- 装 zhuāng 〈동〉(물품을) 담다, 채워 넣다

- 零钱 língqián 〈명〉잔돈

- 特意 tèyì 〈부〉특별히, 일부러

- 细心 xìxīn 〈형〉세심하다, 주의 깊다

- 肯定 kěndìng 〈부〉틀림없이, 반드시

- 这些 zhèxiē 〈대〉이들, 이것들

- 了 liǎo [동사 뒤에서 '得', '不'와 연용하여 가능 혹은 불가능을 나타냄]

- 饿 è 〈형〉배고프다

- 死 sǐ 〈동〉죽다 〈형〉~해 죽겠다

- 饿死 èsǐ 〈동〉배가 고파 견딜 수 없다, 굶어 죽다

- 馋猫 chánmāo 〈명〉먹보

- 哈 hā 〈의성〉하하 [웃는 소리]

리듬을 따라하며 문장의 구조를 자연스럽게 익혀 보세요. 🎧 13-02

火车就要开了。

Huǒchē jiùyào kāi le.

기차가 곧 출발하려고 합니다.

♪ 开了

就要／开了

火车／就要／开了。

在火车上也买得到。

Zài huǒchē shang yě mǎidedào.

기차에서도 살 수 있습니다.

♪ 买得到

也买得到

在火车上／也买得到。

3

你是在哪儿买的?

Nǐ shì zài nǎr mǎi de?

당신은 어디에서 샀습니까?

♪ 在哪儿／买的

你是／在哪儿／买的?

这次旅行我忘不了。

Zhè cì lǚxíng wǒ wàngbuliǎo.

이번 여행을 저는 잊을 수 없습니다.

♪ 忘不了

我／忘不了

这次旅行／我／忘不了。

1 ·· 🎧 13-03

우림 火车就要开了，我们上车吧。
Huǒchē jiùyào kāi le, wǒmen shàng chē ba.

나현 我现在去买点儿吃的，还来得及吗？
Wǒ xiànzài qù mǎi diǎnr chī de, hái láidejí ma?

자오량 没时间了，来不及了！
Méi shíjiān le, láibují le!

우림 在火车上也买得到。我们先上车吧！
Zài huǒchē shang yě mǎidedào. Wǒmen xiān shàng chē ba!

● ● ● ● ● ● ● ● ● ●

나현 请问，软卧❶车厢在哪儿？
Qǐngwèn, ruǎnwò chēxiāng zài nǎr?

승무원 餐车前边就是软卧车厢。
Cānchē qiánbian jiù shì ruǎnwò chēxiāng.

나현 　我们从❷这儿上车，过得去吗？

Wǒmen cóng zhèr shàng chē, guòdeqù ma?

승무원 　过得去。

Guòdeqù.

快开车了，您就从这儿上车走过去吧。

Kuài kāi chē le, nín jiù cóng zhèr shàng chē zǒu guòqu ba.

우림 　这个小包很漂亮，你是在哪儿买的？

Zhè ge xiǎo bāo hěn piàoliang, nǐ shì zài nǎr mǎi de?

나현 　是在豫园买的。

Shì zài Yùyuán mǎi de.

자오량 　这么小，能装得下东西吗？

Zhème xiǎo, néng zhuāngdexià dōngxi ma?

나현 　这是装零钱的。

Zhè shì zhuāng língqián de.

💡 아하! 그렇구나!

❶ '软'은 '부드럽다', '卧'는 '눕다'라는 뜻으로, '软卧'는 중국의 기차 좌석의 하나인 '푹신한 침대' 자리를 말한다. 이 외의 좌석 종류로는 '软座 ruǎnzuò 푹신한 의자', '硬卧 yìngwò 딱딱한 침대', '硬座 yìngzuò 딱딱한 의자'가 있다.

❷ 여기에서 '从'은 '~을 통해서'라는 뜻을 나타낸다.

我妈零钱多，我是特意为她买的。
Wǒ mā língqián duō, wǒ shì tèyì wèi tā mǎi de.

우림 你真细心。这礼物，她肯定会喜欢。
Nǐ zhēn xìxīn. Zhè lǐwù, tā kěndìng huì xǐhuan.

자오량 雨林！你觉得这次旅行怎么样？
Yǔlín! Nǐ juéde zhè cì lǚxíng zěnmeyàng?

우림 有你们这些好朋友陪我，
Yǒu nǐmen zhèxiē hǎo péngyou péi wǒ,

这次旅行我忘不了。
zhè cì lǚxíng wǒ wàngbuliǎo.

나현 饿死了，我们去买点儿吃的吧！
Èsǐ le, wǒmen qù mǎi diǎnr chī de ba!

자오량 对啊，更忘不了你这个小馋猫儿❸！
Duì a, gèng wàngbuliǎo nǐ zhè ge xiǎo chánmāor!

哈哈哈！
Hā hā hā!

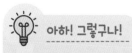

❸ '馋猫(儿)'는 직역하면 '탐식하는 고양이'인데, 먹는 것을 좋아하는 '먹보'란 뜻으로도 쓰인다.

가능보어

동사 뒤에 쓰여 동작의 가능 여부를 나타내는 보어를 가능보어(可能补语)라고 한다. 긍정형은 「동사+得+보어」의 형식으로 '~할 수 있다'라는 의미를 나타내고, 부정형은 「동사+不+보어」의 형식으로 '~할 수 없다'라는 의미를 나타낸다. 가능보어 문장은 다음의 두 가지 형식이 있다.

① 「동사+得/不+결과보어/방향보어」: 동작을 통한 결과나 방향의 가능 여부를 나타낸다.

我们从这儿上车，过得去吗?
Wǒmen cóng zhèr shàng chē, guòdequ ma?

这个太小，装不下东西。
Zhè ge tài xiǎo, zhuāngbuxià dōngxi.

가능보어의 긍정형에는 동사 앞에 조동사 '能'을 부가할 수 있다.

这么多的作业，你能做得完吗?
Zhème duō de zuòyè, nǐ néng zuòdewán ma?

火车上也能买得到。我们先上车吧!
Huǒchē shang yě néng mǎidedào. Wǒmen xiān shàng chē ba!

② 「동사+得/不+了」: 동사 뒤에 '得/不+了'를 부가하면, 동작의 실현이나 완료의 가능성 여부를 나타낸다.

这么晚了，他来得了吗?
Zhème wǎn le, tā láideliǎo ma?

这么多的菜，我们吃不了。
Zhème duō de cài, wǒmen chībuliǎo.

그림을 보고 주어진 단어를 이용하여 가능보어를 사용한 문장으로 만들어 보세요.

①

看 / 懂

他＿＿＿＿汉字。

②

拿 / 动

这个太重了，我＿＿＿＿。

③

吃 / 了

菜太多了，我们＿＿＿＿。

是……的

이미 발생한 사건에 대하여 시간·장소·수단 등의 정보를 묻거나 알려줄 때 「是……的」 형식으로 강조하여 표현할 수 있다. 중요한 정보 바로 앞에 '是'를, 동사 뒤에 '的'를 사용하는데, 이때 '是'는 생략할 수도 있다.

A 你是什么时候来的韩国?
   Nǐ shì shénme shíhou lái de Hánguó?

B 前年来的。
   Qiánnián lái de.

A 你是怎么来的?
   Nǐ shì zěnme lái de?

B 开车来的。
   Kāi chē lái de.

A 这个小包是在哪儿买的?
   Zhè ge xiǎo bāo shì zài nǎr mǎi de?

B 在百货商店买的。
   Zài bǎihuò shāngdiàn mǎi de.

百货商店 bǎihuò shāngdiàn 몡 백화점

A 是谁说的?
   Shì shéi shuō de?

B 小李说的。
   Xiǎo Lǐ shuō de.

그림을 보고 질문에 대답해 보세요.

①

A 你是什么时候见的朋友?

B 我是_____朋友。

②

A 这套西装你是在哪儿买的?
   xīzhuāng 몡 양복

B 我是_____。

③

A 你是怎么来的?

B 我是_____。

🎧 13-05

1 在火车上也买得到。

北京 Běijīng　　找 zhǎo
这儿 zhèr　　　听 tīng
韩国 Hánguó　　看 kàn

2 你是在哪儿买的书？

怎么来 zěnme lái　　　　　　　北京 Běijīng
和谁去 hé shéi qù　　　　　　上海 Shànghǎi
什么时候见 shénme shíhou jiàn　朋友 péngyou

3 我忘不了你这个小馋猫儿。

那一天 nà yì tiān
那次旅行 nà cì lǚxíng
那些朋友 nàxiē péngyou

1 녹음을 듣고 녹음 내용과 일치하면 O, 일치하지 않으면 X를 표시해 보세요. 🎧 13-06

(1) 我们在北京待了五天。 ( )

(2) 明天就要离开上海了。 ( )

(3) 我一个人来的上海。 ( )

(4) 我忘不了这次旅行。 ( )

2 주어진 자료를 참고로 '是……的' 구문을 사용하여 언제, 어디서, 어떻게 왔는지 묻고 대답하는 대화를 완성해 보세요.

편명	OZ331
출발	서울
도착	베이징
출발일	10월 20일

(1) A 你是什么时候来的?

　　B _____

(2) A 从哪儿来的?

　　B _____

(3) A 你是怎么来的?

　　B _____

3 주어진 대화문의 빈칸에 알맞은 말을 보기 에서 골라 넣고 대화해 보세요.

보기

| 从这儿上车 | 来不及了 | 过得去 | 就要开了 |

A 火车几点开?

B 马上_____。

A 我去买点儿吃的，来得及吗?

B _____! 到车上买吧!

A _____，过得去吗?

B 别担心，_____。

4 이 과에서 배운 표현을 활용하여 친구와 함께 대화해 보세요.

A 你买了_____!

B 我特意为_____买的。

A 在哪儿买的?

┌→ shàngcì 명 지난번, 저번

B 上次去旅游的时候在_____买的。

└→ lǚyóu 명 동 여행(하다)

A 我也想买一个。在这儿也买得到吗?

B 听说在_____也能买得到。

중국의 자부심, 까오티에

과거 고속 철도의 후발주자였던 중국은 이제 노선의 총길이가 전 세계에서 가장 긴 고속 철도를 보유한 대표 주자가 되었다. 중국은 2008년에 처음으로 고속 철도를 개통한 후 지속적으로 노선을 확장하고 있다. 중국의 고속 철도인 '까오티에(高铁)'는 '까오수티에루(高速铁路)'의 약칭이다. 까오티에는 시속 350km 이상으로, 베이징에서 상하이까지 4시간 30분이면 도착한다. 이처럼 놀랄 만큼 빠른 속도에도 불구하고 흔들림이 없어서 창틀에 동전을 세워 놓아도 넘어지지 않는 쾌적한 승차감을 자랑한다.

까오티에는 총 길이가 3만 5천 km에 달하는데 이는 세계에서 가장 긴 고속 철도망이다. 이 길이는 전 세계의 모든 고속 철도망의 길이를 합한 것보다 길다. 세계 최장의 철도망으로서 까오티에는 온대에서 아열대 지역까지, 사막에서 험난한 산악 지대, 바닷가에 이르기까지 중국 전역으로 계속 노선을 확장하고 있다. 또한 까오티에의 티켓 가격은 상대적으로 저렴해서 전 세계 고속철 티켓 가격의 1/4 내지 1/5에 불과하다. 까오티에의 개통으로 중국 전역이 일일 생활권에 들어가면서 지역간 불균형이 해소되고 관광산업이 활성화되었으며 내수시장이 커지는 경제효과를 거두고 있다.

중국은 현재 세계 각국으로 까오티에를 수출하면서 까오티에는 중국의 자부심이 되었다. 중국은 러시아와 유럽을 잇는 고속 철도망을 계획하고 있어서 이 야심찬 계획이 완성되면 유라시아가 하나의 철도망으로 연결되게 될 것이다.

①, ② 철도역에 정차되어 있는 까오티에. 편안하면서도 빠른 속도를 자랑한다

14

祝你一路平安。

가시는 길에 평안하시길 바랍니다.

1

이별과 관련된 여러 가지 표현을 말할 수 있다.

2

'被자문'을 이해하고 표현할 수 있다.

- 送行 sòng xíng ⑧ 배웅하다, 전송하다

- 日子 rìzi ⑲ 날, 날짜

- 电动自行车 diàndòng zìxíngchē ⑲ 전동 자전거

- 被 bèi ⑪ (~에게) ~당하다

- 借 jiè ⑧ 빌려주다, 빌리다

- 借走 jièzǒu ⑧ 빌려가다

- 还 huán ⑧ 돌려주다, 돌아가다

- 脚 jiǎo ⑲ 발

- 扭伤 niǔshāng ⑧ (발목 따위를) 삐다

- 慢 màn ⑱ 느리다

- 回国 huí guó ⑧ 귀국하다

- 舍不得 shěbude (헤어지기) 아쉽다, 미련이 남다, 섭섭하다

- 饯行 jiànxíng ⑧ 송별연을 베풀다

- 酒 jiǔ ⑲ 술

- 友谊 yǒuyì ⑲ 우의, 우정

- 干杯 gān bēi ⑧ 건배하다, 잔을 비우다

- 登机 dēng jī ⑧ (비행기에) 탑승하다

- 办 bàn ⑧ (일 따위를) 하다, 처리하다

- 不过 búguò ⑳ 그런데, 그러나

- 超重 chāo zhòng ⑧ 중량을 초과하다

- 怪 guài ⑱ 이상하다, 괴상하다

- 留 liú ⑧ 보류하다, 보존하다

- 纪念 jìniàn ⑲⑧ 기념(하다)

- 朝 cháo ⑪ ~을 향하여

- 茄子 qiézi ⑲ 가지

- 终于 zhōngyú ⑭ 마침내, 결국, 끝내

- 保重 bǎozhòng ⑧ 건강에 주의하다

- 常常 chángcháng ⑭ 항상, 늘

- 联系 liánxì ⑲⑧ 연락(하다)

- 平安 píng'ān ⑱ 평안하다, 무사하다

- 生活 shēnghuó ⑲⑧ 생활(하다)

- 愉快 yúkuài ⑱ 기분이 좋다, 유쾌하다

- 顺风 shùnfēng ⑱ 운수가 좋다 ⑲ 순풍

- 一路平安 yílù píng'ān
  一路顺风 yílù shùnfēng
  가시는 길에 평안하시길 빕니다

리듬을 따라하며 문장의 구조를 자연스럽게 익혀 보세요.　　🎧 14-02

她的脚被扭伤了。

Tā de jiǎo bèi niǔshāng le.

그녀가 발을 삐었습니다.

♪ 扭伤了

被扭伤了

她的脚／被扭伤了。

我们真舍不得你走。

Wǒmen zhēn shěbude nǐ zǒu.

우리는 당신이 떠나는 것이 정말 아쉽습니다.

♪ 你走

真舍不得／你走

我们／真舍不得／你走。

登机手续都办好了吗?

Dēng jī shǒuxù dōu bànhǎo le ma?

탑승 수속은 다 하셨어요?

♪ 办好了吗

都／办好了吗

登机手续／都／办好了吗?

祝你一路平安。

Zhù nǐ yílù píng'ān.

가시는 길 평안하세요.

♪ 平安

一路平安

祝你／一路平安。

1 .... 🎧 14-03

나현
对不起，我来晚了。
Duìbuqǐ, wǒ láiwǎn le.

현철
今天是为雨林送行❶的日子，你怎么来晚了？
Jīntiān shì wèi Yǔlín sòng xíng de rìzi, nǐ zěnme láiwǎn le?

나현
我的电动自行车被朋友借走了，我是走来的。
Wǒ de diàndòng zìxíngchē bèi péngyou jièzǒu le, wǒ shì zǒulai de.

자오량
你的电动自行车上个星期就叫朋友借走了，
Nǐ de diàndòng zìxíngchē shàng ge xīngqī jiù jiào péngyou jièzǒu le,

还没还吗？
hái méi huán ma?

나현
她的脚被扭伤了，我让她慢慢儿还。
Tā de jiǎo bèi niǔshāng le, wǒ ràng tā mànmānr huán.

우림
我后天就要回国了，
Wǒ hòutiān jiùyào huí guó le,

我的自行车送给你。
wǒ de zìxíngchē sònggěi nǐ.

나현
谢谢你，
Xièxie nǐ,

我们真舍不得你走。
wǒmen zhēn shěbude nǐ zǒu.

린하이 　好了，大家一起来喝杯饯行酒。
Hǎo le, dàjiā yìqǐ lái hē bēi jiànxíng jiǔ.

为我们的友谊干杯!
Wèi wǒmen de yǒuyì gān bēi!

모두 　干杯!
Gān bēi!

현철 　登机手续都办好了吗?
Dēng jī shǒuxù dōu bànhǎo le ma?

우림 　手续是办好了，不过行李超重，
Shǒuxù shì bànhǎo le, búguò xíngli chāo zhòng,

多交了一百块钱。
duō jiāo le yì bǎi kuài qián.

린하이 　你买了那么多礼物，不超重才怪❷呢!
Nǐ mǎi le nàme duō lǐwù, bù chāo zhòng cái guài ne!

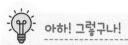 아하! 그렇구나!

❶ '~을 전송하다', '~을 배웅하다'라는 뜻을 나타내기 위해서는 「为……送行」으로 써야 한다.

❷ 「……才怪」는 '~하는 것이 오히려 이상하다'라는 뜻으로 일반적으로 조사 '呢'가 뒤에 부가된다.
　예 你不知道才怪呢。 네가 모르는 것이 오히려 이상하다.

우림　时间不多了，我们照张相，留个纪念吧。
　　　Shíjiān bù duō le, wǒmen zhào zhāng xiàng, liú ge jìniàn ba.

　　　(对旁边的人说) 麻烦您，
　　　(duì pángbiān de rén shuō) Máfan nín,

　　　请帮我们照张相。
　　　qǐng bāng wǒmen zhào zhāng xiàng.

남자　好的。大家朝❸这儿看！一、二、三，茄子！
　　　Hǎo de. Dàjiā cháo zhèr kàn! Yī、èr、sān, qiézi!

- - - - - - - - - -

자오량　终于要说再见了。你一定要注意身体，多保重！
　　　Zhōngyú yào shuō zàijiàn le. Nǐ yídìng yào zhùyì shēntǐ, duō bǎozhòng!

린하이　回国后常常联系。祝你一路平安。
　　　Huí guó hòu chángcháng liánxì. Zhù nǐ yílù píng'ān.

우림　我也祝你们生活愉快！
　　　Wǒ yě zhù nǐmen shēnghuó yúkuài!

현철, 나현　一路顺风，再见！
　　　Yílù shùnfēng, zàijiàn!

우림　再见！
　　　Zàijiàn!

 아하! 그렇구나!

❸ '朝'는 '~을 향하여'라는 뜻으로, 행위의 대상이나 이동의 방향을 나타낸다.
예 他朝我笑了笑。그는 나를 향해 웃었다.
　　　↳ xiào 통 웃다

被**자문**

개사 '被'를 사용하여 피동의 의미를 나타내는 문장을 '被자문'이라고 한다. 그 형식은 다음과 같다.

> 주어 + 被 명사구 + 동사 + 부가 성분

주어는 동작을 받는 대상을, '被' 뒤의 명사구는 동작을 하는 주체를 나타낸다. 특별히 동작의 주체를 나타낼 필요가 없을 경우, 명사구는 생략할 수 있다.

那本书被他借走了。
Nà běn shū bèi tā jièzǒu le.

那杯水已经被他喝光了。
Nà bēi shuǐ yǐjīng bèi tā hēguāng le.

那本书被借走了。
Nà běn shū bèi jièzǒu le.

那杯水已经被喝光了。
Nà bēi shuǐ yǐjīng bèi hēguāng le.

동사 뒤의 부가 성분으로는 보어가 많이 쓰인다.

那个杯子被孩子打碎了。
Nà ge bēizi bèi háizi dǎsuì le.

那个小偷被警察抓回来了。
Nà ge xiǎotōu bèi jǐngchá zhuā huilai le.

小偷 xiǎotōu 명 좀도둑 | 警察 jǐngchá 명 경찰 | 抓 zhuā 동 잡다

'被자문'에서 부정사나 조동사는 '被' 앞에 놓인다.

那本书还没被借走。
Nà běn shū hái méi bèi jièzǒu.

这封信不能被别人看见。
Zhè fēng xìn bù néng bèi biéren kànjiàn.

别人 biéren 명 남, 다른 사람

각 문장을 '被자문'으로 바꿔보세요.

① 我把那个杯子打碎了。

　→ _____

② 老师把他叫回来了。

　→ _____

→ pīpíng 동 나무라다, 비평하다

③ 爸爸把我批评了一顿。

　→ _____

舍不得……

'~하기를 아쉬워하다', '~하기를 아까워하다'라는 뜻을 나타내는 표현이다. 일반적으로 뒤에 동사구나 절이 온다.

我舍不得离开中国。
Wǒ shěbude lí kāi Zhōngguó.

他舍不得花钱买自行车。
Tā shěbude huā qián mǎi zìxíngchē.

주어진 단어를 어순에 맞게 배열하여 문장을 완성해 보세요.

① 他 / 离开 / 舍不得 / 我家
　　→ _____

② 我们 / 让 / 舍不得 / 他 / 回国
　　→ _____

🎧 14-05

1

我的脚被扭伤了。

钱包 qiánbāo   偷走 tōuzǒu
自行车 zìxíngchē   借走 jièzǒu
花瓶 huāpíng   打碎 dǎsuì

- -

· 偷走 tōuzǒu 훔쳐가다 · 花瓶 huāpíng 꽃병

2

你买了那么多礼物，不超重才怪呢!

吃了这么多 chī le zhème duō   拉肚子 lā dùzi
走了这么久 zǒu le zhème jiǔ   累 lèi
喝了那么多 hē le nàme duō   醉 zuì

- -

· 拉肚子 lā dùzi 설사하다 · 醉 zuì 취하다

3

祝你一路平安。

生日快乐 shēngrì kuàilè
周末愉快 zhōumò yúkuài
早日康复 zǎorì kāngfù

- -

· 周末愉快 zhōumò yúkuài 주말 잘 보내세요 · 早日康复 zǎorì kāngfù 빨리 회복하세요

연습 실력이 늘다

1 녹음을 듣고 녹음 내용과 일치하면 O, 일치하지 않으면 X를 표시해 보세요. 🎧 14-06

(1) 今天我们为小王送行。 ( )

(2) 娜贤的自行车坏了，所以她来晚了。 ( )

(3) 小王明天就要回国了。 ( )

(4) 快回国了，小王很高兴。 ( )

2 주어진 단어와 '被자문'을 사용하여 그림을 표현해 보세요.

(1)

杯子 / 弟弟 / 打碎

→ _____

(2)

自行车 / 汽车 / 撞坏
   └→ zhuànghuài 통 충돌하여 부서지다

→ _____

(3)

包 / 小偷 / 偷走

→ _____

3 주어진 대화문의 빈칸에 알맞은 말을 보기 에서 골라 넣고 대화해 보세요.

> 보기
>
> 才怪呢　　　舍不得你走　　　一路平安　　　帮我们

(1) A 我后天就要回国了。

　　 B 我真＿＿＿＿＿＿＿＿＿＿＿＿＿＿＿。

(2) A 麻烦您，＿＿＿＿＿＿＿＿＿＿＿＿＿照张相。

　　 B 好的。大家笑一笑！

(3) A 祝你＿＿＿＿＿＿＿＿＿＿＿＿＿！

　　 B 我也祝你们生活愉快！

(4) A 我头很疼。

　　 B 你感冒了。头不疼＿＿＿＿＿＿＿＿＿＿＿＿＿。

4 친한 친구의 송별회라고 가정하고, 이 과에서 배운 표현을 활용하여 친구와 대화해 보세요.

A 　　 今天是为＿＿＿＿＿＿＿＿送行的日子。

B 　　 几号的飞机？

C 　　 ＿＿＿＿＿＿＿＿＿＿＿＿＿＿＿。

B 　　 我们真舍不得你走。

C 　　 我也舍不得离开你们。

A 　　 大家一起来为我们的友谊干杯！

A,B,C 干杯！

B 　　 祝你一路平安。

C 　　 祝你们＿＿＿＿＿＿＿＿＿。

중국의 음주 문화

중국인들의 술자리 문화는 한국과 다소 차이가 있다. 중국인들은 일반적으로 술 마시기를 잘 강요하지 않고, 술잔을 돌리지도 않으며, 취할 때까지 억지로 술을 마시지도 않는다. 하지만 남방인에 비해서는 북방인이 술을 좀 더 호방하게 마시며, 종종 술을 권하는 모습을 볼 수 있다.

술을 따르는 방식도 우리와는 다르다. 한국인은 술잔을 완전히 다 비우고 나서 다시 술을 따르지만, 중국인은 술잔에 술이 비지 않도록 계속 잔을 채운다. 식당에서 술을 시켜 마실 때면 술잔의 술이 줄어들기가 무섭게 종업원이 계속 잔을 채워준다. 또 술을 마실 때는 술잔을 들고 상대방의 얼굴을 마주 보면서 함께 마신다. 따라서 한국의 젊은이들이 어른 앞에서 얼굴을 돌려서 술을 마시는 모습이 중국인들에게는 독특한 한국인의 문화로 보여진다.

함께 술잔을 들 때면, 한국인은 '건배'라는 말을 많이 하듯이, 중국인들도 똑같은 한자어를 사용하여 '干杯 gānbēi'라고 외친다. '干杯'의 원래 의미는 '잔을 말리다', 즉 '술잔을 비우다'라는 뜻이다. 중국인도 이른바 폭탄주를 마시기도 하는데 이것을 똑같이 '폭탄주(炸弹酒 zhàdànjiǔ)'라고 부르거나, '심수폭탄(深水炸弹 shēnshuǐ zhàdàn)', '잠수함주(潜水艇酒 qiánshuǐtǐngjiǔ)라고 부르기도 한다.

중국의 전통술은 크게 바이주(白酒 báijiǔ)와 황주(黄酒 huángjiǔ)로 나뉘는데, 바이주는 바이갈(白干儿 báigānr), 마오타이주(茅台酒 máotáijiǔ), 루저우라오쟈오(泸州老窖 Lúzhōu lǎojiào) 등이 유명하고, 황주로는 사오싱주(绍兴酒 shàoxīngjiǔ)가 유명하다.

바이주의 일종인 마오타이주, 우량예, 루저우라오쟈오

15

복습 Ⅱ

9~14과에서는 마중·은행 업무·이사·호텔 투숙·열차·여행·이별 등 중국에서 겪을 수 있는 일상생활과 관련된 여러 가지 표현을 배웠습니다. 제15과 복습 Ⅱ에서는 앞서 배웠던 회화와 핵심 어법을 복습해 봅시다.

주제별 단어 그림을 보면서 빈칸에 해당하는 단어의 한자를 써 넣어 보세요.

(1) 은행에서

(2) 각국 화폐

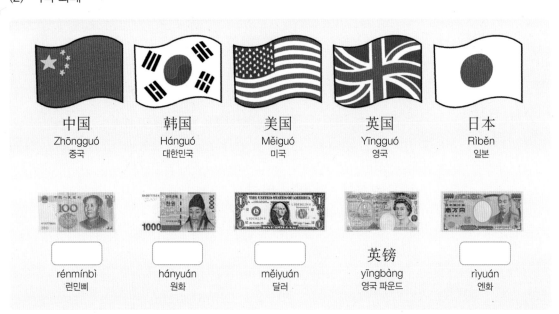

(3) 호텔에서

豪华间
háohuájiān
디럭스룸

标准间
biāozhǔnjiān
일반실

yùdìng
예약하다

hùzhào
여권

身份证
shēnfēnzhèng
신분증

fángkǎ
객실 카드

xìnyòngkǎ
신용 카드

早餐券
zǎocānquàn
조식권

(4) 열차

硬座
yìngzuò
딱딱한 좌석

软座
ruǎnzuò
푹신한 좌석

列车员
lièchēyuán
열차 승무원

洗手间
xǐshǒujiān
화장실

chēxiāng 객실

硬卧
yìngwò
딱딱한 침대석

ruǎnwò 푹신한 침대석

cānchē
식당차

핵심 회화 표현을 복습해 보세요. 🎧 15-01

① 마중하기

A 一路上辛苦了。累了吧?
Yílù shang xīnkǔ le. Lèi le ba?

B 一点儿也不累。
Yìdiǎnr yě bú lèi.

② 사과하기

A 让您久等了，真不好意思。
Ràng nín jiǔ děng le, zhēn bùhǎoyìsi.

B 您这是哪儿的话!
Nín zhè shì nǎr de huà!

③ 방 구하기

A 我想租一套房子，
Wǒ xiǎng zū yí tào fángzi,

有没有离这儿近一点儿的?
yǒu méiyǒu lí zhèr jìn yìdiǎnr de?

B 刚好新华公寓搬走一家，
Gānghǎo Xīnhuá Gōngyù bānzǒu yì jiā,

两室一厅。
liǎng shì yì tīng.

④ 기차 타기

A 火车就要开了，我们上车吧。
Huǒchē jiùyào kāi le, wǒmen shàng chē ba.

B 我现在去买点吃的，还来得及吗?
Wǒ xiànzài qù mǎidiǎn chī de, hái láidejí ma?

A 没时间了，来不及了!
Méi shíjiān le, láibují le!

⑤ 환전하기

A 今天一美元兑换多少人民币?
Jīntiān yì měiyuán duìhuàn duōshao rénmínbì?

B 六块九。
Liù kuài jiǔ.

⑥ 투숙하기

A 您要先交押金。
Nín yào xiān jiāo yājīn.

B 用信用卡，可以吗?
Yòng xìnyòngkǎ, kěyǐ ma?

A 可以。
Kěyǐ.

⑦ 축배 들기

A 大家一起来喝杯饯行酒。
Dàjiā yìqǐ lái hē bēi jiànxíng jiǔ.

B 好。为我们的友谊干杯!
Hǎo. Wèi wǒmen de yǒuyì gān bēi!

⑧ 작별 인사

A 回国后常常联系。
Huí guó hòu chángcháng liánxì.

祝你一路平安。
Zhù nǐ yílù píng'ān.

B 我也祝你们生活愉快!
Wǒ yě zhù nǐmen shēnghuó yúkuài!

네컷 만화를 보고, 말풍선 안의 우리말을 중국어로 바꾸어 스토리를 완성해 보세요.

(1)

① _____

② _____

③ _____

④ _____

(2)

① _____

② _____

③ _____

④ _____

제대로 된 중국어 문장을 구사하려면 어법에 맞는 표현을 해야 합니다. 앞에서 배웠던 핵심 어법을 를 복습해 보세요.

존현문 ── 사물이나 사람의 존재·출현·소실을 나타내는 문장으로, 「장소＋동사＋사람· 사물」의 형식으로 쓰입니다.

这小区住着一千多户。
Zhè xiǎoqū zhù zhe yì qiān duō hù.
이 단지에는 1,000여 가구가 산다.

那边来了很多人。
Nàbiān lái le hěn duō rén.
저쪽에 많은 사람들이 왔다.

방향보어 ── 동사의 뒤에 붙어서 이동의 방향을 나타내는 보어를 말합니다.

你快跑去拿吧。 너 빨리 뛰어 가서 가져와.　　　　　⟶ 단순방향보어
Nǐ kuài pǎoqu ná ba.

我马上把行李送上去。 제가 바로 짐을 올려 드릴게요.　⟶ 복합방향보어
Wǒ mǎshàng bǎ xíngli sòng shangqu.

가능보어 ── 동사 뒤에 쓰여 동작의 가능 여부를 나타내는 보어를 가리킵니다.

我们从这儿上车，过得去吗？
Wǒmen cóng zhèr shàng chē, guòdeqù ma?
여기서 차를 타면 건너갈 수 있나요?

这太小，装不下东西。
Zhè tài xiǎo, zhuāngbuxià dōngxi.
이건 너무 작아서 물건을 담을 수 없다.

把자문 ── 「주어＋把 명사구＋동사＋부가 성분」의 형식으로 쓰이며, '把' 뒤의 명사구에는 동작의 대상이, 동사 뒤 부가 성분에는 대부분 보어가 옵니다.

我把行李整理好就去。
Wǒ bǎ xíngli zhěnglǐhǎo jiù qù.
저는 짐을 정리하고 바로 갈게요.

他们把它搬出去了。
Tāmen bǎ tā bān chuqu le.
그들은 그것을 밖으로 옮겼다.

被자문 ── 「주어＋被 명사구＋동사＋부가 성분」의 형식으로 쓰이며, 피동의 의미를 나타 냅니다.

那本书被借走了。
Nà běn shū bèi jièzǒu le.
그 책은 빌려갔다.

那杯水已经被喝光了。
Nà bēi shuǐ yǐjīng bèi hēguāng le.
그 물은 이미 다 마셨다.

(문제로 다지기)

(1) [보기] 에서 알맞은 단어를 골라 괄호 안에 넣어 보세요.

[보기] 到   把   被

① 我的杯子(   )打碎了。　　② 我(   )书放在桌子上了。

③ 那本书(   )朋友借走了。　　④ 我送您(   )宿舍吧。

⑤ 我看书看(   )晚上十点。　　⑥ 请您(   )房卡拿好。

(2) [보기] 에서 알맞은 단어를 골라 빈칸에 넣어 보세요.

[보기] 了   不   的

① 道路干干净净(   )。　　② 你是什么时候见(   )朋友?

③ 前面跑来(   )一个孩子。　　④ 火车快要开(   )。

⑤ 门还没开，我们进(   )去。　　⑥ 这么多的菜，我们吃(   )了。

(3) 괄호 안의 단어를 이용하여 주어진 우리말 문장을 중국어로 바꿔 보세요.

① 날씨만 좋으면, 우리는 출발한다. (只要，就，出发)

　→ _____

② 책상 위에 책이 한 권 놓여 있다. (放，桌子，着)

　→ _____

③ 기차 안에서도 살 수 있어. (在，得，到)

　→ _____

④ 우리는 네가 귀국하는 것이 정말 아쉽다. (舍不得，回国)

　→ _____

베이징의 국제 공항

베이징에는 베이징 셔우두 국제 공항(北京首都国际机场)과 베이징 다싱 국제 공항(北京大兴国际机场)이 있다.

셔우두 국제 공항은 베이징 시내에서 북동쪽으로 약 25km 떨어져 있다. 1958년 개항한 이래 급격한 교통량 증가에 따라 지속적인 확장 공사를 거치면서 총 세 개의 터미널을 갖추게 되었다. 특히 제3터미널은 2008년 베이징 올림픽을 앞두고 완공됐는데, 한 마리의 용이 드러누운 모습을 하고 있으며, 비늘을 곧추 세운 모습의 지붕에는 155개의 채광창이 있다. 388개의 출입국 수속 카운터를 갖추었고, 80인승 모노레일 10여 대가 쉬지 않고 운행되고 있다. 내부에는 중국의 유물 등 각종 볼거리와 편의 시설도 갖추고 있다.

2016년 이후 셔우두 국제 공항이 연간 최대 수용 여객수인 9000만 명을 넘어서면서 포화 상태로 극심한 항공 교통 정체 현상을 보이게 되었다. 이에 신공항의 필요성이 대두되면서 2019년 베이징 시내에서 남쪽으로 약 46km 떨어진 지점에 다싱 국제 공항을 완공했다. 터미널과 부속 건물을 합한 총면적은 140만 m²에 높이는 50m로 하늘에서 바라보면 날개를 펼친 봉황의 형상이다. 완공 시점에 세계에서 제일 큰 공항이고, 이용객 수 또한 세계 최대 규모라고 한다. 셔우두 공항에 비해 베이징 시내로부터 상대적으로 거리가 멀지만 셔우두 공항의 교통량을 분담하면서 베이징의 대표적인 국제 공항으로 자리매김하고 있다.

셔우두 국제 공항 제3터미널의 모습

건설 당시의 다싱 국제 공항

다싱 국제 공항의 내부 모습

부록

◆ 본문 해석
◆ 정답 및 녹음 대본
◆ 단어 색인

01 나는 매일 대여섯 시간 공부합니다.

회화

1

자오량	이번 학기에 너는 몇 과목을 신청했니?
나현	세 과목 선택했어. 회화, 작문 그리고 독해.
자오량	작문과 독해는 어려워, 안 어려워?
나현	그다지 어렵지 않아. 나는 아주 재미있다고 생각해.
자오량	너는 매일 몇 시간 공부하니?
나현	나는 매일 대여섯 시간 공부해.
자오량	어쩐지 네가 중국어를 그렇게 잘하더라.
나현	천만에!

2

린하이	오늘 당신 안색이 그리 좋지 않네요.
남자	제가 최근에 계속해서 초과 근무를 했거든요. 어제 겨우 다섯 시간 잤어요.
린하이	당신네(회사)는 하루에 몇 시간 근무해요?
남자	하루에 여덟 시간 일해요. 하지만 일이 많으면, 초과 근무를 해야 하죠.
린하이	그러면 당신은 한 달에 얼마나 벌어요?
남자	한 달에 만 이천 위안 받습니다. 만약 초과 근무 수당을 포함한다면 대략 만 육천 위안 정도 받아요.
린하이	왜! 정말 적지 않네요!

어법

● **시태조사** 了

이번 학기 너는 몇 과목을 신청했니?
어제 다섯 시간밖에 자지 않았다.
밥을 먹고 갑시다.
내일 나는 숙제를 하고 바로 그의 집에 간다.
나는 중국에서 일할 때 매일 중국 음식을 먹었다.

● **시량보어**

① 나는 매일 대여섯 시간 공부한다.

하루에 여덟 시간 일한다.
나는 중국어를 3년 배웠다.
나는 책을 30분 봤다.
나는 그를 20분 기다렸다.
나는 너를 두 시간 찾았다.
나는 중국어를 3년 배웠다.
나는 그를 20분 기다렸다.

② 그가 떠난 지 열흘이 되었다.
그는 떠난 지 3년이 되었다.
그가 귀국한 지 10년이 되었다.
그가 베이징에 온 지 열흘이 되었다.

표현

1 나는 매일 대여섯 시간 공부한다.
나는 매일 여섯 일곱 시간 잠을 잔다.
나는 매일 일곱 여덟 시간 일한다.
나는 매일 삼사십 분 운동한다.

2 어쩐지 네가 중국어를 그렇게 잘하더라.
어쩐지 네가 그를 좋아하지 않더라.
어쩐지 그가 떠나려 하더라.
어쩐지 네 안색이 좋지 않더라.

3 일이 많으면 우리는 초과 근무를 해야 한다.
그가 온다면 우리는 그를 기다려야 한다.
비가 오면 우리는 그녀를 집까지 바래다 주어야 한다.
그가 집에 있다면 우리는 그를 만나러 가야 한다.

02 어제 친목회는 어땠습니까?

회화

1

자오량	어제 친목회는 어땠어?
나현	모두 잘 먹고, 잘 마시고, 즐겁게 놀기도 했어. 우린 또 중국 노래도 몇 곡 불렀어.
자오량	너 중국 노래 부를 줄 알아?

나현	한두 곡 할 줄 아는데, 나는 별로 잘 못 불러. 너는 노래를 잘 부른다고 들었어.
자오량	그저 그래. 하지만 만약에 네가 배우고 싶다면, 가르쳐 줄 수 있어.
나현	정말? 그럼 잠시 후에 네가 나 좀 가르쳐 줘!

2

린하이	공원에 사람이 이렇게나 많네요!
우림	보세요! 저 사람들은 무엇을 하고 있는 거예요?
린하이	그들은 태극권을 수련하고 있어요.
우림	저는 태극권과 태권도가 비슷하다고 생각했는데, 알고 보니 이렇게 다르군요.
린하이	태극권은 중국의 전통 무술이라, 중국인들에게 아주 인기가 많아요.
우림	나도 한번 배워 보고 싶네요.
린하이	우리 할아버지께서 태극권 고수세요. 당신은 그에게 한번 배워볼 수 있어요.
우림	너무 잘 됐네요. 당신 할아버지께 한번 잘 말해 주세요.

어법

● 상태보어

모두 잘 먹고, 잘 마시고, 즐겁게 놀기도 했다.

나는 바빠서 밥 먹을 시간이 없다.

나는 노래를 잘하지 못한다.

그는 잠을 잘 자지 못했다.

나는 말을 빨리 하지 않는다.

그는 노래를 잘한다.

그녀는 중국어를 잘한다.

● 동사의 중첩

나도 좀 배우고 싶다.

나도 좀 배우고 싶다.

우리 좀 쉽시다.

우리 함께 복습 좀 합시다.

나는 중국어를 좀 배우고 싶다.

너 이것 좀 봐.

● 동작의 진행

저 사람들은 무엇을 하고 있나요?

그들은 태극권을 수련하고 있어요.

어제 내가 그의 집에 갔을 때, 그는 텔레비전을 보고 있었다.

너는 지금 무엇을 하고 있니?

내일 이 때에 나는 수업을 하고 있을 것이다.

표현

1 모두 잘 먹었다.

모두 빨리 달렸다.

모두 배불리 먹었다.

모두 많이 사지 않았다.

2 잠시 후에 네가 나 좀 가르쳐 줘.

잠시 후에 네가 책을 봐 봐.

잠시 후에 네가 노래를 불러 봐.

잠시 후에 네가 글자를 연습해 봐.

3 너는 중국 노래를 부를 줄 아니?

너는 중국어를 말할 줄 아니?

너는 한자를 쓸 줄 아니?

너는 중국요리를 만들 줄 아니?

 03 생일 축하합니다!

회화

1

자오량	지난주에 나현이를 만났는데, 그녀가 이번주 토요일이 자기 생일이라고 말했어요.
린하이	그녀가 내게도 전화했었어. 우리를 그녀 집에 손님으로 초대했어.
자오량	곧 토요일이 되는데, 우리 그녀에게 무슨 선물을 하면 좋을까요?
린하이	그녀는 중국에 온 지 얼마 되지 않으니, 우리 그녀에게 옛 베이징을 소개하는 책을 한 권 선물하자.

자오량	좋은 생각이에요. 우리 지금 바로 사러 가요.
린하이	시간이 늦었어. 서점은 곧 문을 닫을 거야. 내일 가자.
자오량	그럼 내일 오전 10시에 신화서점 입구에서 만나요.

② ....

자오량	나현아, 생일 축하해!
린하이	이건 우리가 너에게 주는 선물이야, 받아 두렴!
나현	여러분 감사해요! 이 안에 있는 게 뭐죠?
자오량	열어서 한번 봐. 네가 좋아하길 바라.
나현	와! 이 책은 내가 진작부터 사고 싶었는데 계속 사지 못했어요.
린하이	네가 좋아하니 잘 됐다.
나현	요리가 이미 다 준비됐어요. 모두 어서 뜨거울 때 드세요.
자오량	요리가 정말 많네! 오늘 네 솜씨를 한번 잘 맛 봐야겠는 걸.

어법

● **결과보어**

지난주에 나는 나현이를 만났다.

우리 그녀에게 책 한 권을 선물하자.

음식은 이미 다 준비되었다.

그녀는 아파서 울었다.

이 책은 줄곧 사지 못했다.

음식은 아직 다 준비되지 않았다.

● **어기조사** 了

시간이 늦었다.

음식은 이미 다 준비되었다.

A: 너는 술을 마시니?　　　B: 나는 안 마셔.

나는 전에는 술을 마셨지만 지금은 안 마신다.

● 就要……了/快(要)……了

곧 토요일이 된다.

곧 기차역에 도착한다.

서점은 곧 문을 닫는다.

서점은 곧 문을 닫는다.

그는 내일이면 귀국한다.

표현

1 서점은 곧 문을 닫는다.

그는 곧 도착한다.

날이 곧 어두워진다.

할아버지는 곧 여든이 되신다.

2 이 책은 내가 진작부터 사고 싶었지만 줄곧 사지 못했다.

이 음식은 내가 진작부터 먹고 싶었지만, 줄곧 먹지 못했다.

이 사람은 내가 진작부터 만나고 싶었지만, 줄곧 만나지 못했다.

그 술은 내가 진작부터 마시고 싶었지만, 줄곧 마시지 못했다.

3 음식은 이미 다 준비되었다.

말은 이미 다 했다.

돈은 이미 다 썼다.

편지는 이미 다 썼다.

밥은 이미 배불리 먹었다.

04 저는 머리가 아파요.

회화

① ....

우림	무슨 일이니? 어디가 불편하니?
나현	머리가 아파요. 목도 좀 불편하고, 또 계속 콧물이 흘러요.
우림	너 감기 걸린 거 아냐? 나한테 감기약이 있는데 한번 먹어 봐!
나현	이 약 하루에 몇 번 먹어요?
우림	하루에 세 번, 한 번에 두 알씩.
나현	고맙습니다. 오늘 전 아마 수업에 못 갈 것 같아요. 저 대신 선생님께 말씀 좀 드려 주세요.

우림	문제없어. 너는 평소에 열심히 하니까, 이 기회에 푹 좀 쉬어.

2 ....

자오량	나현아, 어제 내가 너에게 전화를 두 번 걸었는데, 모두 받지 않더라. 어떻게 된 거야?
나현	나 감기에 걸려서 약을 먹고 온종일 잤어.
자오량	지금은 어때? 좀 좋아졌어?
나현	우림이 나에게 약을 한 통 줬는데, 정말 효과 있었어. 세 번 먹었더니 바로 좋아졌어.
자오량	사실 감기를 치료하는 데에는 약이 없지. 물을 많이 마시고, 많이 쉬어야 해.
나현	맞다! 어머니께서는 지금 건강이 어떠시니?
자오량	엄마는 주사를 두 번 맞고, 며칠 약을 드셨어. 지금 감기는 거의 좋아지셨어.
나현	요즘 아침저녁으로 온도 차가 커. 너도 감기 걸리지 않도록 조심해야 해.

어법

● **주술술어문**

나는 건강하다.

나는 머리가 아프고 목도 좀 불편하다.

● **동량보어**

이 약은 하루에 몇 번 먹어요?

세 번 먹었더니 바로 좋아졌다.

그녀는 주사를 두 번 맞았다.

나는 하루에 세 번 약을 먹는다.

어제 나는 너를 세 번 찾았다.

오늘 나는 그를 보러 한 번 갔다.

● 有(一)点儿/(一)点儿

목도 좀 불편해요.

그는 오늘 좀 기분이 좋지 않다.

좀 좋아졌어요?

그는 나보다 키가 좀 더 크다.

나는 물을 좀 마셨다.

오늘 나는 물건을 좀 샀다.

표현

1 그녀는 주사를 두 번 맞았다.

그녀는 전화를 두 번 걸었다.

그녀는 수술을 두 번 했다.

그녀는 미국에 두 번 갔다.

2 목이 좀 불편하다.

머리가 좀 아프다.

배가 좀 아프다.

눈이 좀 부었다.

3 너는 감기에 걸리지 않도록 조심해야 한다.

너는 미끄러져 넘어지지 않도록 조심해야 한다.

너는 떠들어서 그를 깨우지 않도록 조심해야 한다.

너는 컵을 깨뜨리지 않도록 조심해야 한다.

05 당신은 여기서 기다리고 있어요.
나는 표를 사러 갈게요.

회화

1 ....

린하이	우림씨, 당신 뭐하고 있어요?
우림	저는 자전거를 고치고 있어요. 방금 자전거를 타고 나가는데, 타이어가 펑크났어요.
린하이	당신은 괜찮은 거죠?
우림	괜찮아요.
린하이	당신이 괜찮으면 됐어요. 내일 저녁에 나는 자오량과 「유랑지구」라는 영화를 보러 갈 건데, 가겠어요?
우림	저는 전부터 그 영화를 보고 싶었어요.
린하이	그러면 우리가 내일 저녁 6시에 학교 입구에서 당신을 기다릴게요. 만날 때까지 기다리는 거예요!

2 ....

린하이	너는 여기서 기다리고 있어. 나는 표를 사

러 갈게.

(매표원에게) 「유랑지구」 8시 거 세 장이 요!

네가 가지고 있어, 나는 화장실 좀 갔다 올게.

자오량 서둘러요! 우림이 매점 입구에서 우리를 기다리고 있어요.

• • • • • • • • • • • • • • •

린하이 너 뭐 찾고 있니?

자오량 제 지갑이 안 보여요.

린하이 땅바닥에 있는 저 지갑 네 거 아냐?

자오량 오, 제 거예요. 드디어 찾았다.

린하이 우리 표는?

자오량 걱정하지 마세요. 보세요, 바로 제 주머니 안에 있잖아요.

어법

• 시태조사 着

우림이는 매점 입구에서 우리를 기다리고 있다.

그는 손에 책을 한 권 들고 있다.

그녀는 텔레비전을 보고 있다.

그녀는 텔레비전을 보면서 과일을 먹고 있다.

책상 위에 책이 한 권 놓여 있다.

• 반어문

바닥에 있는 그 지갑은 네 것 아니니?

→ 바닥에 있는 그 지갑은 네 것이다.

이 것이 네 것이니?

→ 이 것은 네 것이 아니다.

표현

1 우림이가 매점 입구에서 우리를 기다리고 있어요.

우림이가 교실에서 노래를 부르고 있어요.

우림이가 방에서 음악을 듣고 있어요.

우림이가 집에서 밥을 하고 있어요.

2 그 지갑은 네 것이 아니니?

너는 그녀의 중국어 선생님 아니니?

내일이 네 생일 아니니?

그 사람이 네 남동생 아니니?

3 내 지갑이 안 보이네.

그가 안 보이네.

아이가 안 보이네.

내 책이 안 보이네.

---

06 그 그림들은 정말 잘 그렸어요.

회화

1 ....

나현 요즘 베이징 전시관에 회화 전시회가 있는데, 듣자니 그 그림들은 정말 잘 그렸대.

자오량 너는 그림 보는 거 좋아하니?

나현 좋아해. 난 중국 회화의 풍격을 좀 알고 싶어. 내일 네가 날 데리고 갈 수 있겠니?

자오량 내일 나는 아주 바빠. 아마 시간이 없을 거야.

나현 그러면 모레는 어때? 회화 전시회 다 보고 우리 함께 취엔쥐더에 오리구이 먹으러 가자.

자오량 좋은 생각이야! 나 요즘 계속 오리구이를 못 먹었어.

나현 그럼 이렇게 정한 거야!

2 ....

나현 정말 미안해, 늦었어.

자오량 5시에 만나기로 약속했잖아. 나는 5시 15분 전에 도착했는데, 너는 어떻게 5시 반에야 왔니?

나현 도로에 차가 이렇게 심하게 막힐 줄 생각도 못했어!

자오량 버스 탔어? 왜 지하철을 안 탔어?

나현 지하철역에 사람이 너무 많아서, 밀치고 타지 못했어.

자오량 출퇴근 러시아워에는 그래도 지하철을

타고 오는 게 비교적 나아.

나현   다음엔 반드시 미리 출발하도록 주의할 게.

어법

● **부정사** 没(有)

나는 최근에 계속 오리구이를 먹지 못했다.

왜 지하철을 타지 않았니?

지난주에 나는 나현이를 만나지 못했다.

음식은 아직 다 준비되지 않았다.

그는 우리 집에 온 적이 없다.

너는 베이징에 간 적이 없니?

그는 텔레비전을 보고 있지 않고, 영화를 보고 있다.

문은 열려 있지 않고, 닫혀 있다.

날이 아직 밝지 않았다.

그의 병은 아직 낫지 않았다.

● **정도보어**

지하철역에 사람이 굉장히 많다.

오늘 더워 죽겠다.

지금 나는 매우 바쁘다.

나는 머리가 너무 아프다.

● 就/才

5시에 만나기로 약속했잖아. 나는 5시 15분 전에 도착 했는데, 너는 어째서 5시 반에야 왔니?

어제 나는 10시에 잠이 들었지만 누나는 12시에야 잠 이 들었다.

표현

1 나는 최근에 계속 오리구이를 먹지 않았다.

나는 최근에 계속 텔레비전을 보지 않았다.

나는 최근에 계속 운동을 하지 않았다.

나는 최근에 계속 도서관에 가지 않았다.

2 사람이 굉장히 많다.

그는 굉장히 기뻐했다.

오늘은 굉장히 춥다.

최근에 굉장히 바쁘다.

3 그래도 지하철을 타는 것이 비교적 낫다.

그래도 인터넷으로 사는 것이 비교적 싸다.

그래도 차를 타는 것이 비교적 편리하다.

그래도 어머니가 밥을 하시는 것이 비교적 맛있다.

07 나도 새 컴퓨터를 한 대 사고 싶어요.

회화

1

자오량 이건 바로 당신이 어제 산 컴퓨터잖아요. 속도가 꽤 빠르겠어요.

우림 한번 사용해 봐! 속도가 예전보다 두 배 더 빨라.

자오량 가격도 아주 비싸죠?

우림 아니, 구 모델보다 1000위안 정도 싸.

자오량 그래요? 지금의 컴퓨터는 성능이 점점 좋 아지고, 가격도 점점 싸지네요.

우림 맞아. 이 새 컴퓨터가 생기고 나서 나는 자주 PC방에 갈 필요가 없어졌어.

자오량 정말 부러워요. 나도 새 컴퓨터를 한 대 사고 싶어요.

2

나현 지금 어디 가세요?

린하이 나는 일본어를 배우고 싶어서 학원에 상 담 한번 받아보러 가려고.

나현 사실 저도 진작부터 외국어 하나를 더 배 우고 싶었어요.

린하이 영어와 중국어 이외에 너는 또 어떤 외국 어를 배우고 싶어?

나현 저는 스페인어를 배우고 싶어요. 그런데 학원에 가서 공부할 시간이 없어요.

린하이 너는 우선 인터넷으로 공부해도 돼. 휴대 전화로 동영상 강의를 봐봐.

나현 좋은 방법이네요! 스마트폰이 있어서 언 제 어디서나 공부를 할 수 있고, 정말 너 무 편해요!

린하이 맞아! 우리는 잘 이용해야 해.

● 비교수량보어

속도가 이전보다 두 배 빨라졌다.

구 모델보다 1,000위안 정도 더 싸다.

● 得/不用

우리는 잘 이용해야 한다.

내일 너는 나를 찾으러 와야 한다.

나는 자주 PC방에 갈 필요가 없어졌다.

내일 너는 나를 찾아올 필요가 없다.

● 除了……以外

영어와 중국어 이외에 너는 또 무슨 외국어를 배우고 싶니?

우림, 나현 외에 자오량도 그림 그리기를 좋아한다.

그를 제외하고는 우리 모두 중국어를 할 줄 모른다.

수요일을 제외하고 나는 이번 주에 모두 수업이 있다.

표현

1 이 컴퓨터는 구 모델보다 1,000위안 정도 더 싸다.

이 컴퓨터는 구 모델보다 2kg 더 가볍다.

이 컴퓨터는 구 모델보다 두 배 더 빠르다.

이 컴퓨터는 구 모델보다 크기가 반이 더 작다.

2 우리는 잘 이용해야 한다.

우리는 중국어를 배워야 한다.

우리는 그에게 전화를 해야 한다.

우리는 왕 선생님을 찾아가야 한다.

3 가격이 갈수록 싸진다.

사람이 갈수록 많아진다

속도가 점점 빨라진다

날씨가 점점 더워진다.

---

09 오시는 길 수고 많으셨습니다.

회화

1

우림	내일 저녁 약속을 모레로 바꿀 수 없을까요?
린하이	왜요? 무슨 일 있어요?
우림	내일 한국 본사에서 중국으로 사람을 파견해 오거든요. 제가 차를 운전해서 그를 마중하러 가야 해요.
린하이	그는 여기에 오면 어디에서 살아요? 당신이 그를 위해 살 곳을 찾아 두었나요?
우림	저는 우선 그를 회사 기숙사에 묵도록 하고, 그런 다음에 그가 집 구하는 것을 도와주려고요.
린하이	그는 베이징에서 언제까지 머물 건가요?
우림	그는 내년 말까지 머물 거예요.

2

현철	당신이 대한 은행에서 오신 유 선생님이시죠?
우림	예, 접니다. 정 선생님, 안녕하세요! 오시는 길 수고 많으셨습니다. 피곤하시죠?
현철	조금도 피곤하지 않아요. 오늘 서울에 안개가 많이 내려서 모든 비행기 운항 시간이 다 연기되었어요. 오래 기다리시게 해서 정말 죄송합니다.
우림	그게 무슨 말씀이세요! 제가 짐을 들어 드릴게요.
현철	괜찮아요, 괜찮습니다. 짐은 하나도 무겁지 않아요.
우림	제 차가 주차장에 주차되어 있습니다. 제가 기숙사로 모셔다 드릴게요.
현철	정말 죄송하네요! 이렇게 폐를 많이 끼치네요.

어법

● 동사+在/到+명사

① 그는 회사 기숙사에 묵고 있다.

나의 차는 주차장에 주차되어 있다.

② 그들은 내년까지 머무르려고 한다.

나는 책을 저녁 9시까지 봤다.

● **겸어동사**

나는 그가 회사 기숙사에 묵도록 했다.

네가 한 그 말에 그는 매우 기뻐했다.

한국 본사에서 중국으로 사람을 파견해 온다.

내가 당신을 숙소로 모셔다 드릴게요.

● 一点儿也不……

짐은 전혀 무겁지 않다.

이 옷은 내가 전혀 좋아하지 않는다.

표현

1 짐은 조금도 무겁지 않다.

나는 조금도 피곤하지 않다.

이것은 조금도 싸지 않다.

날씨가 조금도 춥지 않다.

2 내 차는 주차장에 주차되어 있다.

그 책은 책상 위에 놓여 있다.

친구가 소파에 앉아 있다.

어린아이가 침대에 누워 있다.

3 나는 우선 그를 기숙사에 묵도록 하고, 그런 다음에 그가 집 구하는 것을 도와줄 것이다.

나는 우선 그를 집에 가게 하고, 그런 다음에 그와 연락할 것이다.

나는 우선 영화를 보고, 그런 다음에 물건을 사러 갈 것이다.

나는 우선 이허위엔에 가고, 그런 다음에 톈안먼에 갈 것이다.

---

(10) **1달러는 런민삐 얼마로 바꿀 수 있습니까?**

회화

1 ....

나현 　 내가 가지고 있는 런민삐를 곧 다 써가.

어디에서 환전할 수 있니?

자오량 네가 묵고 있는 호텔 옆에 바로 은행이 하나 있어. 거기 가서 환전해.

나현 요즘 환율이 얼마야?

자오량 나도 잘 모르겠어. 휴대전화로 한번 찾아 봐 줄게.

● ● ● ● ● ● ● ● ● ● ● ● ● ● ●

나현 안녕하세요! 환전을 하고 싶습니다. 오늘 1달러를 런민삐 얼마로 바꿀 수 있나요?

은행 직원 6.9위안입니다. 먼저 이 양식을 작성해 주세요.

나현 다 작성했어요. 한번 보세요.

은행 직원 네. 여권 좀 제시해 주세요.

나현 아차! 제 여권을 잊어버리고 호텔에 두고 왔어요. 바로 방으로 가서 가져올게요.

은행 직원 그럼 당신이 가져올 때까지 기다렸다가 다시 처리를 도와드리겠습니다.

2 ....

우림 당신은 매번 현금을 사용해서 물건을 사는데, 불편하고 안전하지도 않아요. 은행에 가서 계좌를 개설하세요.

현철 네. 내일 바로 갈게요.

우림 여권을 반드시 가져가야 해요.

현철 알겠어요. 위챗페이도 신청할 수 있나요?

우림 당연하죠. 은행 카드만 있으면 돼요.

현철 너무 좋네요! 위챗페이가 있으면 무엇을 하든 더욱 편리할 거예요.

우림 당신은 중국에 온 지 얼마 되지 않으니, 만약 모르는 게 있으면, 바로 저한테 와서 물어보세요.

어법

● **방향보어 1 - 단순방향보어**

네가 빨리 가지러 뛰어가라.

문제가 있으면 내게 물어보러 와라.

내가 바로 방으로 가서 가지고 올게.

그들은 노래를 부르며 방으로 걸어 들어갔다.

又……又……

당신은 매번 현금을 사용해서 물건을 사는데, 불편하고 안전하지도 않아요.

이 물건은 크기도 하고 무겁기도 한데, 어떻게 옮겨갈 수 있었지?

• 只要……就……

은행 카드만 있으면 됩니다.

노력하기만 하면 반드시 좋은 결과가 있을 것이다.

표현

1   오늘 1달러는 런민삐 얼마로 바꿀 수 있나요?
오늘 1달러는 원화 얼마로 바꿀 수 있나요?
오늘 1달러는 엔 얼마로 바꿀 수 있나요?
오늘 1달러는 유로 얼마로 바꿀 수 있나요?

2   당신이 가져올 때까지 기다렸다가 다시 처리를 도와 드릴게요.
당신이 사올 때까지 기다렸다가 다시 밥을 할게요.
당신이 누울 때까지 기다렸다가 불을 끌게요.
당신이 나갈 때까지 기다렸다가 다시 전화할게요.

3   은행 카드만 있으면 된다.
비가 오지만 않으면 공원에 놀러간다.
가격만 싸면 산다.
열심히 공부하기만 하면 좋은 결과가 있을 것이다.

---

11   방 한 개, 거실 하나짜리 있습니까?

회화

1

현철   집을 하나 세 들고 싶은데, 베이징 대학교에서 좀 가까운 곳이 있나요?

남자   때마침 신화 아파트에서 한 가구가 이사를 갔어요. 방 두 개 거실 하나짜리요.

우림   그곳은 한 달 집세가 얼마입니까?

남자   한 달에 8천 위안입니다.

현철   방 한 개 거실 하나짜리가 있습니까?

남자   중국 은행 부근에 아파트를 새로 지었는데, 현재 빈방이 몇 칸 있어요.

우림   그곳은 한 달에 얼마입니까?

남자   한 달에 6천 위안입니다. 한 달 치 보증금을 먼저 내야 하고요.

현철   우리가 지금 집을 보러 갈 수 있습니까?

남자   당연히 됩니다.

2

우림   나현이는 어째서 아직 오지 않았어? 길을 잃은 거 아냐?

현철   그럴 리가 없어요. 우리 단지의 건물은 아주 높고, 창문도 아주 커서 정말 눈에 띄잖아요.

우림   저기 봐, 저쪽에 사람들이 많이 오는데, 그중에 나현이가 있니?

현철   나현아! 우리 여기에 있어.

나현   미안해요. 제가 차를 잘못 탔어요. 왜! 이 단지는 정말 크네요. 모두 몇 가구가 사는 거예요?

현철   1,000여 가구가 살고 있어.

나현   이 단지의 환경이 정말 좋아요. 빨간 꽃, 푸른 나무에 길도 아주 깨끗하고요.

현철   우리 들어가요.

어법

• 형용사 중첩

빨간 꽃, 푸른 나무에 도로도 아주 깨끗하다.

우리 지역의 건물은 아주 높고, 창문도 아주 커서 눈에 잘 띈다.

• 존현문

이 단지에는 1,000여 가구가 살고 있다.

책상 위에 책이 한 권 놓여 있다.

저쪽에 많은 사람들이 왔다.

마침 신화 아파트에서 한 가구가 이사를 갔다.

표현

1   이 단지에는 1,000여 가구가 살고 있다.

이 단지에는 많은 사람들이 살고 있다.

이 단지에는 적지 않은 한국인이 살고 있다.

이 단지에는 몇 명의 외국 유학생이 살고 있다.

2 도로가 아주 깨끗하다.

방이 아주 작다.

키가 아주 작다.

책가방이 아주 조그맣다.

3 나현이가 왜 아직 안 오지? 길을 잃었나?

나현이가 왜 아직 수업하러 오지 않았지? 병이 난 것인가?

나현이가 왜 밥을 안 먹지? 배가 아픈 것인가?

나현이가 왜 안 보이지? 먼저 집에 간 것인가?

12 객실 카드와 조식권을 가져가십시오.

회화

1

종업원 1   안녕하세요!

나현   인터넷으로 방을 예약했습니다.

종업원 1   여권을 제시해 주세요. 일반실 두 개 원하셨고요, 이틀 머무시는 것 맞습니까?

나현   맞아요. 약간 높은 층으로 배정해 주실 수 있나요?

종업원 1   네. 여권을 복사 좀 하겠습니다. 그리고 우선 보증금을 내셔야 합니다.

나현   신용 카드를 사용해도 되나요?

종업원 1   가능합니다. 수속이 모두 잘 되었습니다. 객실 카드와 조식권을 가져가세요.

나현   미안하지만 저희 짐이 너무 많아서요. 짐을 저희 방까지 옮겨주실 수 있나요?

종업원 2   문제없습니다. 제가 바로 짐을 올려 드리겠습니다.

2

우림   현철아, 우리 황푸강에 야경 감상하러 가는 게 어때?

현철   좋아요. 나현인 벌써 내려갔어요. 우리도 빨리 따라 내려가요!

우림   너 먼저 내려가. 나는 짐을 정리하고 바로 갈게.

(황푸강에서)

현철   와, 이곳의 야경은 정말 아름답네요. 우리 함께 사진 좀 찍어요!

우림   제가 너무 급하게 뛰어나오느라 카메라를 잊고 방에 두고 왔어요.

나현   괜찮아요. 빨리 뛰어 가서 가지고 와요!

현철   카메라? 네 목에 걸려 있지 않니?

우림   이런! 제가 얼마나 멍청한지 좀 보세요!

어법

• 방향보어 2 - 복합방향보어

제가 곧 짐을 올려 드리겠습니다.

네가 빨리 뛰어 가서 가지고 와!

위층으로 옮겨 와라!

그는 달려서 기숙사로 돌아갔다.

• 把자문

나는 짐을 정리하고 바로 갈게.

그들은 그것을 밖으로 옮겨갔다.

그는 책을 (제자리로) 갖다 놓지 않았다.

나는 저녁에 숙제를 끝내야 한다.

표현

1 너는 얼른 (물건을) 가지러 (원래 장소로) 뛰어가라!

너는 얼른 (물건을) 가지러 뛰어 올라가라!

너는 얼른 (물건을) 가지러 뛰어 내려와라!

너는 얼른 (물건을) 가지러 뛰어와라!

2 우리 함께 사진 좀 찍어요.

우리 함께 밥 한 끼 먹어요.

우리 함께 술 한 잔 해요.
우리 함께 노래 한 곡 불러요.

3 카메라를 잊고 방에 놓아두었다.
휴대전화를 잊고 교실에 놓아두었다.
우산을 잊고 상점에 놓아두었다.
지갑을 잊고 집에 놓아두었다.

---

13 이번 여행을 저는 잊을 수 없습니다.

회화

1

우림	기차가 곧 출발하려고 해. 우리 타자.
나현	저 지금 먹을 것 좀 사러 가도 늦지 않을까요?
자오량	시간이 없어, 늦을 거야!
우림	기차에서도 살 수 있으니, 우리 먼저 타자!

나현	실례합니다. 푹신한 침대칸은 어디에 있나요?
승무원	식당차 앞쪽이 바로 푹신한 침대칸입니다.
우림	우리가 여기서 타면 건너갈 수 있나요?
승무원	건너갈 수 있습니다. 곧 출발하려고 합니다. 여기서 타서 건너가세요.

2

우림	이 작은 주머니 정말 예쁘다. 어디서 산 거니?
나현	위위엔에서 샀어요.
현철	이렇게 작은데, 물건을 담을 수 있어?
나현	이건 잔돈을 담는 거예요. 우리 엄마는 잔돈이 많아서 제가 특별히 엄마를 위해 산 거예요.
우림	너는 정말 세심하구나. 이 선물 엄마께서 분명 좋아하실 거야.
현철	우림 (형)! 이번 여행 어떠셨어요?
우림	너희들같이 좋은 친구들이 함께 해서, 이

번 여행은 잊을 수 없을 거야.

나현	배고파 죽겠어요. 우리 먹을 것 좀 사러 가요!
현철	그래. 너 이 먹보를 더 잊지 못하겠다! 하하하!

어법

• 가능보어

① 우리가 여기서 타면 건너갈 수 있나요?
이것은 너무 작아서 물건을 담을 수 없다.
이렇게 많은 숙제를 너는 끝낼 수 있겠니?
기차에서도 살 수 있으니, 우리 먼저 타자!

② 이렇게 늦은 시간에 그가 올 수 있겠니?
이렇게 많은 음식은 우리가 다 먹을 수 없다.

• 是……的

A: 너는 언제 한국에 왔니?
B: 재작년에 왔어.

A: 이 작은 주머니는 어디서 샀니?
B: 백화점에서 샀어.

A: 너는 어떻게 왔니?
B: 차를 운전해서 왔어.

A: 누가 말했어?
B: 샤오리가 말했어.

표현

1 기차 안에서도 살 수 있다.
베이징에서도 찾을 수 있다.
이곳에서도 들을 수 있다.
한국에서도 볼 수 있다.

2 너는 어디에서 책을 샀니?
너는 어떻게 베이징에 왔니?
너는 누구와 상하이에 갔니?
너는 언제 친구를 만났니?

3 나는 너 이 먹보를 잊을 수 없다.
나는 그날을 잊을 수 없다.

나는 그 여행을 잊을 수 없다.

나는 그 친구들을 잊을 수 없다.

14 가시는 길에 평안하시길 바랍니다.

회화

1

나현	죄송해요. 늦었어요.
현철	오늘은 우림 형 송별하는 날인데, 너 왜 늦었어?
나현	내 전동 자전거를 친구가 빌려 가버려서, 걸어왔어요.
자오량	네 전동 자전거는 지난주에 친구가 빌려 갔잖아. 아직 안 돌려줬어?
나현	친구가 발을 삐어서 내가 그녀에게 천천히 돌려달라고 했어.
우림	내가 모레 곧 귀국하니까 내 자전거를 너에게 줄게.
나현	고마워요. 우리는 정말 오빠가 떠나는 게 아쉬워요.
린하이	자, 모두들 이별주 한 잔 해요. 우리의 우정을 위해 건배!
모두	건배!

2

현철	탑승 수속은 다 하셨어요?
우림	수속은 다 했어. 다만 짐이 중량을 초과해서 100위안을 더 냈어.
린하이	그렇게 많은 선물을 샀는데, 중량을 초과하지 않으면 이상하죠!
우림	시간이 없어. 우리 사진을 찍어서 기념으로 남기자. (옆사람에게) 실례지만 사진 좀 찍어 주세요.
남자	그러죠. 모두들 여길 보세요! 하나, 둘, 셋, 치즈!

· · · · · · · · · · · · · ·

자오량	마침내 안녕이라고 말해야 하네요. 반드시 건강 주의하시고, 몸조심하세요!

린하이	귀국하면 자주 연락해요. 가시는 길 평안하세요.
우림	너희들도 즐겁게 보내!
현철, 나현	가시는 길 평안하세요. 안녕히 가세요!
우림	잘 있어!

어법

• 被자문

그 책은 그가 빌려 갔다.

그 책은 빌려 갔다.

그 잔의 물은 이미 그가 다 마셨다.

그 잔의 물은 이미 다 마셨다.

그 잔은 아이가 깨뜨렸다.

그 도둑은 경찰에 잡혀 왔다.

그 책은 아직 빌려 가지 않았다.

이 편지는 다른 사람이 볼 수 없다.

• 舍不得……

나는 중국을 떠나기가 아쉽다.

그는 돈을 써서 자전거 사기를 아까워한다.

표현

1 내 다리가 삐었다.

내 지갑은 도둑맞았다.

내 자전거를 빌려 가버렸다.

내 꽃병은 (부딪혀) 깨졌다.

2 네가 그렇게 많은 선물을 샀는데 중량을 초과하지 않으면 오히려 이상하지!

네가 이렇게 많이 먹었는데 설사하지 않으면 오히려 이상하지!

네가 이렇게 오래 걸었는데 피곤하지 않으면 오히려 이상하지!

네가 그렇게 많이 마셨는데 취하지 않으면 오히려 이상하지!

3 편안한 여행이 되시길 바랍니다.

생일을 축하드려요.

주말을 즐겁게 보내길 바랍니다.

빨리 건강을 회복하기 바랍니다.

01 我每天学习五六个小时。

어법

- **시태조사 了**

① 他吃了两碗饭。

② 她买了两件衣服。

③ 他写了一封信。

④ 她选了四门课。

- **시량보어**

① 坐车坐了四十分钟

② 到这儿十天

③ 找了他一个小时

연습

1 (1) O　　(2) X　　(3) X　　(4) O

녹음 대본

这个学期我选了汉语课。学汉语很难，可是很有意思。我每天学三个小时的汉语。
在北京，我有一个中国朋友。这个暑假我打算去中国见他。

2 (1) 学两个小时的汉语

(2) 锻炼一个小时

(3) 睡七个小时

3 有什么事 / 多长时间 / 什么时候考试

02 昨天的联欢会开得怎么样?

어법

- **상태보어**

① 她(写)汉字写得很好。

② 他(唱)歌唱得不好。

③ 他(说)汉语说得不错。

④ 他们玩儿得很高兴。

- **동사의 중첩**

① 我可以用用你的手机吗?

② 我可以试试这件衣服吗?

③ 你可以教教我太极拳吗?

- **동작의 진행**

① 他正在看书。

② 她正在跳舞。

③ 她正在打电话。

④ 他们正在看电影。

연습

1 (1) O　　(2) X　　(3) O　　(4) X

녹음 대본

昨天是娜贤的生日。她请我们到她家去吃饭。我们到她家的时候，她正在做菜。昨天我们吃得很好，玩儿得也挺开心。娜贤歌唱得很好。我们和她一起唱了很多歌。我们十一点才回家。

2 (1) 她在说英语。

(2) 他在游泳。

(3) 她/他在写汉字。

(4) 他在画画儿。

3 在做什么呢 / 画得不错 / 喜欢什么 / 唱得很好

03 祝你生日快乐!

어법

● 결과보어

① 找到那本书

② 送给他一件礼物

③ 还没准备好礼物

● 어기조사 了

① 下雨了。

② 天冷了。

③ 个子高了。

④ 他不抽烟了。

● 就要……了/快(要)……了

① 快要下雨了。

② 三点就要下课了。

③ 明天就要搬家了。

연습

1 (1) ○　　(2) ✕　　(3) ○　　(4) ○

녹음 대본

夏天了,天气热了。暑假快到了。雨林要回国了。他来这儿已经一年了。一年前他不会说汉语,现在会说了。他汉语说得不错。他说学汉语很有意思。

2 (1) 他买到了一本书。

(2) 她喝光了一杯酒。

(3) 菜(已经)准备好了。

(4) 星期六赵亮见到了娜贤。/ 星期六娜贤见到了赵亮。

3 十一岁了 / 时间过得真快 / 他去朋友家玩儿了

04 我头疼。

어법

● 주술술어문

① 我工作很忙。/ 我工作不忙。

② 他学习很用功。/ 他学习不用功。

③ 我嗓子很疼。/ 我嗓子不疼。

④ 他个子很高。/ 他个子不高。

● 동량보어

① 吃过两次日本菜

② 用一下你的电话

③ 见过她一次

● 有(一)点儿/(一)点儿

① (一)点儿

② 有(一)点儿 / (一)点儿

③ 有(一)点儿 / (一)点儿

④ 有(一)点儿 / (一)点儿

연습

1 (1) ✕　　(2) ○　　(3) ○　　(4) ○

녹음 대본

A 赵亮! 你脸色不好,怎么了?

B 我肚子很不舒服。

A 你昨天吃什么了?

B 昨天是我妈的生日,我们一家人一起去吃了日本菜。

A 你快吃点儿药吧。

B 我现在就去买药。

2 一天吃三次,一次两片,吃三天

3 最近学习忙吗 / 没考过HSK吗 / 你也考过吗

你在这儿等着，我去买票。

어법

- **시태조사** 着
  ① 门开着。
  ② 她穿着裙子。
  ③ 他在椅子上坐着。

- **반어문**
  ① 他不是你的同学吗？
  ② 你认识我吗？
  ③ 那个电影有意思吗？

연습

1 (1) ○　　(2) ✕　　(3) ✕　　(4) ○

녹음 대본

A 雨林！昨天你怎么没来上课？
B 我感冒了。
A 现在好点儿了吗？
B 好点儿了。你这个星期六做什么？
A 没什么事。
B 我要去王老师家，我们一起去，好不好？
A 好。那我们星期六几点见？
B 上午十一点在图书馆门口见。
A 好！不见不散！

2 (1) 关着
　　(2) 开着
　　(3) 开着
　　(4) 放着一本书

3 你在哪儿 / 你们做什么呢 / 我现在可以去找你们吗

06

那些画儿都画得好极了。

어법

- **부정사** 没(有)
  ① 他(还)没来。
  ② 我(还)没找到那本书。
  ③ 我没坐公交车。

- **정도보어**
  ②, ④

- 就/才
  ① 就 / 才
  ② 就 / 才
  ③ 就 / 才

연습

1 (1) ○　　(2) ○　　(3) ✕　　(4) ✕

녹음 대본

男 我想去展览馆看看，你能不能陪我一起去？
女 什么时候？
男 这个星期六怎么样？
女 我星期六有事儿，不能陪你玩儿。
男 那你什么时候有时间？
女 这个星期天怎么样？
男 好！那就这么决定了。

2 (1) 公园里人多得很。
　　(2) 路上车堵得厉害。
　　(3) 我冷死了。
　　(4) 他眼睛好极了。

3 还是去望京比较好 / 怎么去好呢 / 不见不散

어법

• 비교수량보어

① 我比他大三岁。

② 我家比他家多两口人。

③ 今天比昨天高五度。

④ 这件衣服比那件衣服贵二十块。

• 得/不用

① 得 / 不用

② 得

③ 不用

• 除了……以外

① 除了妹妹，我还有弟弟。

② 除了游泳，我还喜欢打篮球。

③ 除了口语以外，我还选了写作和阅读。

④ 除了娜贤以外，我们都是中国人。

연습

1 (1) ○　　(2) ✕　　(3) ✕　　(4) ✕

녹음 대본

> 我有一个中国朋友。他在北京大学学习历史。他没来过韩国。他打算这个暑假来韩国。我很想见见他。

2 (1) 赵亮的笔记本电脑比雨林的大一倍。

(2) 雨林的笔记本电脑比赵亮的贵两千块钱。

(3) 雨林的笔记本电脑速度比赵亮的快两倍。

3 那个人是谁 / 比你小几岁 / 个子比你高吧 / 还有弟弟吗

08　복습 Ⅰ

단어

*정답 순서: 왼쪽→오른쪽, 위→아래

(1) 唱歌 / 练太极拳 / 看电影 / 听音乐 / 画画儿

(2) 眼睛 / 头 / 嗓子 / 肚子

(3) 聊天 / 电脑 / 上网 / 网吧

(4) 火车 / 公交车 / 自行车 / 地铁

회화

(1) ① 一天一次，一次两片！

② 我经常肚子疼。

③ 我经常头疼。

④ 比那儿卖的便宜100块！

(2) ① 你在做什么?

② 我在工作。

③ 你现在在做什么?

④ 我在打电话！

⑤ 祝你生日快乐！

⑥ 谢谢！

어법

(1) ① 得　　　② 着　　　③ 了
　　④ 得　　　⑤ 着　　　⑥ 了

(2) ① 还　　　② 在　　　③ 就
　　④ 就　　　⑤ 还　　　⑥ 在

(3) ① 我学了一年(的)汉语。

② 我头有点儿疼。

③ 这药一天吃三次。

④ 他的电脑比我的电脑贵一千块。

09 一路上辛苦了。

어법

- **동사+在/到+명사**

  ① 睡在沙发上

  ② 放在桌子上

  ③ 看电视看到九点

- **겸어동사**

  ① 让雨林先回家

  ② 使他很高兴

  ③ 派我去美国开会

  ④ 送我到火车站

- **一点儿也不……**

  ① 天气一点儿也/都不热。

  ② 汉语一点儿也/都不难。

  ③ 英语他一点儿也/都不懂。

  ④ 中国电影我一点也/都不喜欢看。

연습

1 (1) ✕　　(2) ○　　(3) ✕　　(4) ○

녹음 대본

明天我不能去看电影。明天我的朋友来北京，我要去火车站接他。他到这儿以后，我打算让他住在我家。他要待到下星期六。

2 (1) 一点儿也/都不好吃。

　(2) 让您久等了，真不好意思。

　(3) 先吃饭，然后看电视

　(4) 住在学校宿舍

3 让你久等了 / 累了吧 / 送你到宿舍

10 一美元兑换多少人民币?

어법

- **방향보어 1 – 단순방향보어**

  ① 我要回公司去。

  ② 你们快上楼来吧。

  ③ 打开窗户吧。

- **又……又……**

  ① 又高又帅

  ② 又便宜又漂亮

  ③ 又苦又辣

- **只要……就……**

  ① ⓐ, ⓓ

  ② ⓐ, ⓓ

  ③ ⓐ, ⓒ

연습

1 (1) ✕　　(2) ✕　　(3) ○　　(4) ○

녹음 대본

今天我打算去银行。我每次都用现金买东西，又不方便又不安全。听说外国人有护照就能开户，还能办银行卡。我想办一张银行卡，然后申请微信支付。

2 (1) 快进来吧!

　(2) 他出去了。

　(3) 你先回去吧。

　(4) 你先上去吧。

3 快花光了 / 有没有银行 / 可以在饭店里换 / 陪你去

⑪ 有没有一室一厅的?

어법

- **형용사 중첩**
  ① 这个人个子高高的。
  ② 房间打扫得干干净净的。
  ③ 那个孩子，长长的头发、大大的眼睛，可爱极了。

- **존현문**
  ① 坐着两个人
  ② 放着三本书
  ③ 新来了一名同学

연습

1 (1) X　　(2) O　　(3) X　　(4) O

녹음 대본

娜贤不想住在学校宿舍。她想租一套房子。刚好新华公寓搬走一家，一室一厅，离学校很近，房租也很便宜。

3 是不是迷路了 / 来了一个人 / 坐错车了 / 住着两千多户

⑫ 请您把房卡和早餐券拿好。

어법

- **방향보어 2 – 복합방향보어**
  ① 跑出去
  ② 走进操场来
  ③ 走下楼来

- **把자문**
  ① 作业做完了
  ② 窗户打开吧
  ③ 那本书借给我

연습

1 (1) O　　(2) X　　(3) O　　(4) X

녹음 대본

明天娜贤和朋友去上海旅行。今天她在网上订了两个标准间。她们打算在上海待一个星期。中国朋友对她们说:"别忘了带护照。"

2 (1) 跑出去　　　　(2) 站起来
　　(3) 走进去　　　　(4) 跑回/去

3 照张相吧 / 忘在房间里了 / 跑回去拿

⑬ 这次旅行我忘不了。

어법

- **가능보어**
  ① 看不懂
  ② 拿不动
  ③ 吃不了

- **是……的**
  ① 九月一号见的
  ② 在百货商店买的
  ③ 开车来的

연습

1 (1) X　　(2) O　　(3) X　　(4) O

我们在上海玩了三天，明天就要回北京了。我们在上海去了不少地方，吃了很多好吃的。特别是有好朋友陪我，这次旅行我忘不了。

2 (1) 十月二十号来的。

(2) 从韩国(首尔)来的。

(3) 坐飞机来的。

3 就要开了 / 来不及了 / 从这儿上车 / 过得去

---

14 祝你一路平安。

어법

• 被자문
① 那个杯子被我打碎了。
② 他被老师叫回来了。
③ 我被爸爸批评了一顿。

• 舍不得……
① 他舍不得离开我家。
② 我们舍不得让他回国。/ 他舍不得让我们回国。

연습

1 (1) O (2) X (3) X (4) X

今天娜贤来晚了。她的自行车叫朋友借走了，她是走来的。小王后天就要回国了，今天我们一起为他送行。小王说他真舍不得走。小王回国后，我们会常常和他联系。

2 (1) 这个杯子被弟弟打碎了。

(2) 我的自行车被汽车撞坏了。

(3) 我的包被小偷偷走了。

3 (1) 舍不得你走

(2) 帮我们

(3) 一路平安

(4) 才怪呢

---

15 복습 II

단어

*정답 순서: 왼쪽→오른쪽, 위→아래

(1) 开户 / 换钱 / 汇率

(2) 人民币 / 韩元 / 美元 / 日元

(3) 预订 / 护照 / 房卡 / 信用卡

(4) 车厢 / 软卧 / 餐车

회화

(1) ① 一路上辛苦了！累了吧？

② 一点儿也不累。

③ 让你久等了，真不好意思！

④ 你这是哪儿的话！

(2) ① 大家一起来喝杯饯行酒！

② 干杯！

③ 祝你一路平安！

④ 我也祝你们生活愉快。

어법

(1) ① 被　　② 把　　③ 被
　　④ 到　　⑤ 到　　⑥ 把

(2) ① 的　　② 的　　③ 了
　　④ 了　　⑤ 不　　⑥ 不

(3) ① 只要天气好，我们就出发。

② 桌子上放着一本书。

③ 在火车上也买得到。

④ 我们真舍不得你回国。

단어 색인

단어	한어병음	페이지(해당 과)

A

哎呀	āiyā	150(12과)
矮	ǎi	145(11과)
安排	ānpái	150(12과)
安全	ānquán	126(10과)

B

把	bǎ	150(12과)
百货商店	bǎihuò shāngdiàn	168(13과)
拜托	bàituō	32(2과)
班	bān	144(11과)
搬	bān	138(11과)
搬家	bān jiā	52(3과)
搬走	bānzǒu	132, 138(10과, 11과)
办	bàn	174(14과)
办法	bànfǎ	94(7과)
办理	bànlǐ	126(10과)
帮	bāng	114(9과)
包	bāo	162(13과)
包括	bāokuò	20(1과)
饱	bǎo	41(2과)
保重	bǎozhòng	174(14과)
爆	bào	70(5과)
杯子	bēizi	65(4과)
倍	bèi	94(7과)
被	bèi	174(14과)
鼻涕	bítì	58(4과)

笔记本电脑	bǐjìběn diànnǎo	102(7과)
比较	bǐjiào	82(6과)
标准间	biāozhǔnjiān	150(12과)
表	biǎo	126(10과)
别	bié	58(4과)
别人	biéren	179(14과)
病	bìng	87(6과)
脖子	bózi	150(12과)
不错	búcuò	32(2과)
不过	búguò	174(14과)
不好意思	bùhǎoyìsi	114(9과)
补习班	bǔxíbān	94(7과)
部	bù	70(5과)

C

才	cái	20(1과)
餐车	cānchē	162(13과)
操场	cāochǎng	155(12과)
查	chá	126(10과)
差不多	chàbuduō	32(2과)
馋猫	chánmāo	162(13과)
尝	cháng	38, 46(2과, 3과)
常常	chángcháng	174(14과)
唱	chàng	32(2과)
超重	chāo zhòng	174(14과)
朝	cháo	174(14과)
吵醒	chǎoxǐng	65(4과)
车厢	chēxiāng	162(13과)
趁	chèn	46(3과)

成绩	chéngjì	67(4과)
抽烟	chōu yān	52(3과)
出发	chūfā	82(6과)
出来	chūlai	150(12과)
出去	chūqu	70(5과)
出示	chūshì	126(10과)
除了	chúle	94(7과)
处	chù	114(9과)
穿	chuān	75(5과)
传统	chuántǒng	32(2과)
窗户	chuānghu	138(11과)
次	cì	58(4과)
错	cuò	138(11과)

D

打开	dǎkāi	46(3과)
打篮球	dǎ lánqiú	100(7과)
打扫	dǎsǎo	143(11과)
打碎	dǎsuì	65(4과)
打针	dǎ zhēn	58(4과)
大家	dàjiā	32(2과)
待	dāi	114(9과)
担心	dān xīn	70(5과)
但是	dànshì	20(1과)
道路	dàolù	138(11과)
地	de	150(12과)
得	de	32(2과)
的话	dehuà	20(1과)
得	děi	94(7과)

灯	dēng	133(10과)
登机	dēng jī	174(14과)
等	děng	25, 70(1과, 5과)
地方	dìfang	79(5과)
地上	dìshang	70(5과)
地铁	dìtiě	82(6과)
电动自行车	diàndòng zìxíngchē	174(14과)
电脑	diànnǎo	94(7과)
电视	diànshì	39(2과)
电影	diànyǐng	70(5과)
东西	dōngxi	64, 126(4과, 10과)
都	dōu	24, 55, 58(1과, 3과, 4과)
堵	dǔ	82(6과)
肚子	dùzi	65(4과)
顿	dùn	157(12과)
锻炼	duànliàn	27(1과)
对	duì	70(5과)
兑换	duìhuàn	126(10과)

E

| 饿 | è | 162(13과) |
| 饿死 | èsǐ | 162(13과) |

F

发烧	fāshāo	67(4과)
饭店	fàndiàn	126(10과)
方便	fāngbiàn	89, 94(6과, 7과)
房间	fángjiān	77, 126(5과, 10과)

房卡	fángkǎ	150(12과)
房子	fángzi	114(9과)
房租	fángzū	138(11과)
费	fèi	20(1과)
封	fēng	24(1과)
风格	fēnggé	82(6과)
付	fù	138(11과)
复习	fùxí	38(2과)
复印	fùyìn	150(12과)

G

改	gǎi	114(9과)
盖	gài	138(11과)
干杯	gān bēi	174(14과)
干净	gānjìng	138(11과)
赶快	gǎnkuài	150(12과)
感冒	gǎnmào	58(4과)
刚才	gāngcái	70(5과)
刚好	gānghǎo	138(11과)
高峰	gāofēng	82(6과)
高峰时间	gāofēng shíjiān	82(6과)
高手	gāoshǒu	32(2과)
告诉	gàosu	46(3과)
歌	gē	32(2과)
跟	gēn	32(2과)
跟着	gēnzhe	150(12과)
公交车	gōngjiāochē	82(6과)
公司	gōngsī	114(9과)
公寓	gōngyù	138(11과)

挂	guà	150(12과)
怪	guài	174(14과)
关	guān	133(10과)
关门	guān mén	46(3과)
光	guāng	53, 126(3과, 10과)
逛	guàng	158(12과)
过来	guòlai	126(10과)
过去	guòqu	162(13과)

H

哈	hā	162(13과)
还是	háishi	82(6과)
孩子	háizi	77(5과)
韩元	hányuán	133(10과)
汉字	Hànzì	37(2과)
航班	hángbān	114(9과)
好	hǎo	58(4과)
盒	hé	58(4과)
黑	hēi	53(3과)
红	hóng	138(11과)
厚	hòu	146(11과)
后年	hòunián	123(9과)
糊涂	hútu	150(12과)
户	hù	138(11과)
护照	hùzhào	126(10과)
花	huā	53, 126(3과, 10과)
花瓶	huāpíng	181(14과)
滑倒	huádǎo	65(4과)
话	huà	53(3과)

画	huà	82(6과)
画儿	huàr	82(6과)
画画儿	huà huàr	42(2과)
画展	huàzhǎn	82(6과)
欢迎	huānyíng	32(2과)
还	huán	174(14과)
环境	huánjìng	138(11과)
换	huàn	126(10과)
换钱	huàn qián	126(10과)
回	huí	58(4과)
回国	huí guó	25, 174(1과, 14과)
回去	huíqu	150(12과)
会	huì	46(3과)
汇率	huìlǜ	126(10과)
活儿	huór	20(1과)

J

机会	jīhuì	58(4과)
极了	jíle	82(6과)
急事	jíshì	158(12과)
急忙	jímáng	150(12과)
挤	jǐ	82(6과)
纪念	jìniàn	174(14과)
加班	jiā bān	20(1과)
家	jiā	126(10과)
价格	jiàgé	94(7과)
间	jiān	138(11과)
见面	jiàn miàn	82(6과)
饯行	jiànxíng	174(14과)

交	jiāo	150(12과)
教	jiāo	32(2과)
脚	jiǎo	174(14과)
教室	jiàoshì	77(5과)
接	jiē	58(4과)
结果	jiéguǒ	132(10과)
借	jiè	156, 174(12과, 14과)
借走	jièzǒu	174(14과)
介绍	jièshào	46(3과)
进步	jìnbù	132(10과)
进去	jìnqu	138(11과)
近	jìn	138(11과)
经常	jīngcháng	94(7과)
警察	jǐngchá	179(14과)
酒	jiǔ	51, 174(3과, 14과)
旧	jiù	94(7과)
就要	jiùyào	46(3과)
句	jù	120(9과)
觉得	juéde	20(1과)
决定	juédìng	82(6과)

K

卡	kǎ	126(10과)
开	kāi	32, 162(2과, 13과)
开车	kāi chē	114(9과)
开户	kāi hù	126(10과)
开会	kāi huì	120(9과)
开始	kāishǐ	88(6과)
开心	kāixīn	32(2과)

216

考	kǎo	67(4과)
考试	kǎoshì	29(1과)
烤鸭	kǎoyā	82(6과)
可爱	kě'ài	143(11과)
课	kè	20(1과)
肯定	kěndìng	162(13과)
恐怕	kǒngpà	58(4과)
口袋	kǒudai	70(5과)
口语	kǒuyǔ	20(1과)
空房	kòngfáng	138(11과)
哭	kū	51(3과)
苦	kǔ	132(10과)
快	kuài	37, 46(2과, 3과)
快乐	kuàilè	46(3과)
快要	kuàiyào	46(3과)

L

拉肚子	lā dùzi	181(14과)
辣	là	132(10과)
啦	la	114(9과)
来不及	láibují	162(13과)
来得及	láidejí	162(13과)
老	lǎo	46(3과)
累	lèi	114(9과)
离开	lí kāi	25(1과)
厘米	límǐ	99(7과)
里面	lǐmian	46(3과)
礼物	lǐwù	46(3과)
厉害	lìhai	82(6과)

联欢会	liánhuānhuì	32(2과)
联系	liánxì	121, 174(9과, 14과)
脸色	liǎnsè	20(1과)
练	liàn	32(2과)
聊天儿	liáo tiānr	155(12과)
了	liǎo	162(13과)
了解	liǎojiě	82(6과)
灵	líng	58(4과)
零钱	língqián	162(13과)
亮	liàng	87(6과)
流	liú	58(4과)
留	liú	174(14과)
留学生	liúxuéshēng	145(11과)
楼层	lóucéng	150(12과)
轮胎	lúntāi	70(5과)
路上	lùshang	82(6과)
旅游	lǚyóu	171(13과)
绿	lǜ	138(11과)
利用	lìyòng	94(7과)

M

麻烦	máfan	114(9과)
买到	mǎidào	162(13과)
马马虎虎	mǎmǎhūhū	32(2과)
马上	mǎshàng	79, 126(5과, 10과)
慢	màn	174(14과)
没	méi	82(6과)
没事	méi shì	70(5과)
没问题	méi wèntí	58(4과)

门	mén	20(1과)
门口	ménkǒu	46(3과)
美术	měishù	43(2과)
美元	měiyuán	126(10과)
每次	měicì	126(10과)
每天	měitiān	20(1과)
迷路	mí lù	138(11과)

N

拿	ná	70(5과)
哪些	nǎxiē	29(1과)
哪儿的话	nǎr de huà	20(1과)
那边	nàbiān	138(11과)
那些	nàxiē	32(2과)
难	nán	20(1과)
难怪	nánguài	20(1과)
年初	niánchū	123(9과)
年底	niándǐ	114(9과)
扭伤	niǔshāng	174(14과)
努力	nǔlì	132(10과)

O

哦	ò	70(5과)
欧元	ōuyuán	133(10과)

P

派	pài	114(9과)

跑	pǎo	41, 150(2과, 12과)
陪	péi	82(6과)
批评	pīpíng	179(14과)
片	piàn	58(4과)
漂亮	piàoliang	162(13과)
平安	píng'ān	174(14과)
平时	píngshí	58(4과)

Q

骑车	qí chē	70(5과)
其实	qíshí	58(4과)
千	qiān	94(7과)
钱包	qiánbāo	70(5과)
茄子	qiézi	174(14과)
轻	qīng	101(7과)
清楚	qīngchu	126(10과)
裙子	qúnzi	75(5과)

R

然后	ránhòu	114(9과)
让	ràng	114(9과)
人民币	rénmínbì	126(10과)
日语	Rìyǔ	29, 94(1과, 7과)
日元	rìyuán	133(10과)
日子	rìzi	174(14과)
软卧	ruǎnwò	162(13과)

S

散	sàn	70(5과)
嗓子	sǎngzi	58(4과)
沙发	shāfā	119(9과)
商店	shāngdiàn	157(12과)
上班	shàng bān	82(6과)
上车	shàng chē	162(13과)
上次	shàngcì	171(13과)
上下班	shàngxiàbān	82(6과)
少	shǎo	20(1과)
舍不得	shěbude	174(14과)
申请	shēnqǐng	126(10과)
生病	shēng bìng	145(11과)
生活	shēnghuó	174(14과)
事	shì	58(4과)
室	shì	138(11과)
收下	shōuxià	46(3과)
首	shǒu	32(2과)
手	shǒu	75(5과)
手术	shǒushù	65(4과)
手续	shǒuxù	150(12과)
手艺	shǒuyì	46(3과)
售票员	shòupiàoyuán	70(5과)
受	shòu	32(2과)
受欢迎	shòu huānyíng	32(2과)
书	shū	46(3과)
舒服	shūfu	58(4과)
树	shù	138(11과)
帅	shuài	132(10과)

水果	shuǐguǒ	75(5과)
睡	shuì	20(1과)
顺风	shùnfēng	174(14과)
说一声	shuō yì shēng	58(4과)
死	sǐ	88, 162(6과, 13과)
送	sòng	46(3과)
送行	sòng xíng	174(14과)
速度	sùdù	94(7과)
宿舍	sùshè	91, 114(6과, 9과)
随地	suídì	94(7과)
随时	suíshí	94(7과)
所以	suǒyǐ	94(7과)
所有	suǒyǒu	114(9과)
视频	shìpín	94(7과)

T

台	tái	94(7과)
跆拳道	táiquándào	32(2과)
跆拳道馆	táiquándàoguǎn	123(9과)
太极拳	tàijíquán	32(2과)
躺下	tǎngxia	133(10과)
讨厌	tǎoyàn	43(2과)
套	tào	138(11과)
特意	tèyì	162(13과)
疼	téng	51(3과)
提前	tíqián	82(6과)
体育活动	tǐyù huódòng	100(7과)
替	tì	58(4과)
添	tiān	114(9과)

填	tián	126(10과)
跳舞	tiào wǔ	40(2과)
厅	tīng	138(11과)
停	tíng	114(9과)
停车场	tíngchēchǎng	114(9과)
停课	tíng kè	99(7과)
挺	tǐng	32(2과)
痛	tòng	65(4과)
偷走	tōuzǒu	181(14과)
头疼	tóu téng	58(4과)

W

哇	wā	20(1과)
外国	wàiguó	145(11과)
外国人	wàiguórén	134(10과)
外语	wàiyǔ	94(7과)
完	wán	53, 82(3과, 6과)
玩(儿)	wán(r)	32(2과)
晚	wǎn	82(6과)
晚点	wǎn diǎn	114(9과)
万	wàn	20(1과)
网	wǎng	89, 94(6과, 7과)
网吧	wǎngbā	94(7과)
忘	wàng	126(10과)
为	wèi	114(9과)
温差	wēnchā	58(4과)
武术	wǔshù	32(2과)
雾	wù	114(9과)

X

希望	xīwàng	46(3과)
西班牙语	xībānyáyǔ	94(7과)
西装	xīzhuāng	168(13과)
洗手间	xǐshǒujiān	70(5과)
细心	xìxīn	162(13과)
下班	xià bān	82(6과)
下次	xiàcì	82(6과)
下楼	xià lóu	135, 150(10과, 12과)
下去	xiàqu	150(12과)
先	xiān	94(7과)
显眼	xiǎnyǎn	138(11과)
羡慕	xiànmù	94(7과)
现金	xiànjīn	126(10과)
消息	xiāoxi	120(9과)
小	xiǎo	145, 162(11과, 13과)
小孩儿	xiǎoháir	121(9과)
小卖部	xiǎomàibù	70(5과)
小区	xiǎoqū	138(11과)
小偷	xiǎotōu	179(14과)
小心	xiǎoxīn	58(4과)
笑	xiào	178(14과)
写	xiě	24(1과)
写字	xiě zì	88(6과)
写作	xiězuò	20(1과)
新	xīn	94(7과)
新款	xīnkuǎn	94(7과)
辛苦	xīnkǔ	114(9과)
欣赏	xīnshǎng	150(12과)

信	xìn	24(1과)
信用卡	xìnyòngkǎ	150(12과)
行	xíng	126(10과)
行李	xíngli	114(9과)
型	xíng	94(7과)
性能	xìngnéng	94(7과)
修	xiū	70(5과)
休息	xiūxi	38, 58(2과, 4과)
选	xuǎn	20(1과)
学	xué	32(2과)
学期	xuéqī	20(1과)
学习	xuéxí	20(1과)

音乐	yīnyuè	29(1과)
用功	yònggōng	29, 58(1과, 4과)
有点(儿)	yǒudiǎn(r)	58(4과)
有意思	yǒuyìsi	20(1과)
友谊	yǒuyì	174(14과)
又	yòu	126(10과)
愉快	yúkuài	174(14과)
预订	yùdìng	150(12과)
原来	yuánlái	32(2과)
约会	yuēhuì	114(9과)
阅读	yuèdú	20(1과)
越来越	yuèláiyuè	94(7과)

Y

押金	yājīn	138(11과)
眼睛	yǎnjing	65(4과)
药	yào	58(4과)
夜景	yèjǐng	150(12과)
一半	yíbàn	101(7과)
一会儿	yíhuìr	32(2과)
一路	yílù	114(9과)
一路平安	yílù píng'ān	174(14과)
一路顺风	yílù shùnfēng	174(14과)
一样	yíyàng	32(2과)
一天	yìtiān	20(1과)
(一)些	(yì)xiē	32(2과)
已经	yǐjīng	46(3과)
以为	yǐwéi	32(2과)
椅子	yǐzi	76(5과)

Z

糟糕	zāogāo	126(10과)
早	zǎo	46(3과)
早餐券	zǎocānquàn	150(12과)
早就	zǎojiù	46(3과)
早日康复	zǎorì kāngfù	181(14과)
早上	zǎoshang	123(9과)
早晚	zǎowǎn	58(4과)
展览馆	zhǎnlǎnguǎn	82(6과)
站	zhàn	158(12과)
张	zhāng	70(5과)
找	zhǎo	25, 70(1과, 5과)
照相	zhào xiàng	150(12과)
照相机	zhàoxiàngjī	150(12과)
这些	zhèxiē	162(13과)
着	zhe	70(5과)

整理	zhěnglǐ	150(12과)
整天	zhěngtiān	58(4과)
挣	zhèng	20(1과)
(正)在	(zhèng)zài	32(2과)
知道	zhīdao	126(10과)
只要	zhǐyào	126(10과)
治	zhì	58(4과)
智能手机	zhìnéng shǒujī	94(7과)
终于	zhōngyú	174(14과)
肿	zhǒng	65(4과)
种	zhǒng	53(3과)
重	zhòng	114(9과)
周末愉快	zhōumò yúkuài	181(14과)
主意	zhǔyi	46(3과)
住	zhù	114(9과)
祝	zhù	46(3과)
注意	zhùyì	82(6과)
抓	zhuā	179(14과)
装	zhuāng	162(13과)
撞坏	zhuànghuài	182(14과)
准备	zhǔnbèi	46(3과)
咨询	zīxún	94(7과)
自行车	zìxíngchē	70(5과)
字	zì	41(2과)
总公司	zǒnggōngsī	114(9과)
总算	zǒngsuàn	70(5과)
租	zū	138(11과)
嘴唇	zuǐchún	146(11과)
醉	zuì	181(14과)
座	zuò	138(11과)
做饭	zuò fàn	77(5과)
做客	zuò kè	46(3과)
作业	zuòyè	156(12과)

고유명사

流浪地球	Liúlàng Dìqiú	70(5과)
黄浦江	Huángpǔjiāng	150(12과)
全聚德	Quánjùdé	82(6과)
王府井	Wángfǔjǐng	91(6과)
望京	Wàngjīng	91(6과)
微信支付	Wēixìn Zhīfù	126(10과)
新华书店	Xīnhuá Shūdiàn	46(3과)
颐和园	Yíhéyuán	121(9과)
豫园	Yùyuán	162(13과)

다락원 홈페이지에서 MP3 파일
다운로드 및 실시간 재생 서비스

최신개정
다락원 **중국어 마스터** STEP **2**

지은이 박정구, 백은희
펴낸이 정규도
펴낸곳 (주)다락원

제1판 1쇄 발행 2008년 12월 22일
제2판 1쇄 발행 2021년 11월 1일
제2판 3쇄 발행 2023년 9월 1일

기획·편집 김혜민, 이상윤
디자인 김교빈, 김나경, 박선영
일러스트 정민영, 최석현
사진 Shutterstock

다락원 경기도 파주시 문발로 211
전화 (02)736-2031 (내선 250~252 / 내선 430, 431)
팩스 (02)732-2037
출판등록 1977년 9월 16일 제406-2008-000007호

ISBN 978-89-277-2289-2 14720
        978-89-277-2287-8 (set)

www.darakwon.co.kr
다락원 홈페이지를 방문하시면 상세한 출판 정보와 함께 동영상 강좌, MP3 자료 등 다양한 어학 정보를 얻으실 수 있습니다.

최신
개정

다락원
중국어
마스터

박정구·백은희 공저

워크북

이름:

STEP 2

다락원

최신
개정

다락원
중국어
마스터

박정구·백은희 공저

·워크북·

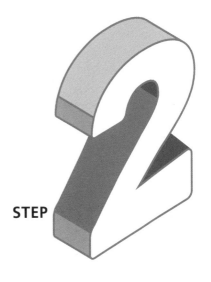

STEP **2**

다락원

이 책의 구성과 활용법

예습하기

본문을 배우기 앞서 각 과에 나오는 단어 쓰기로 예습하는 코너입니다. 간체자에 익숙해짐과 동시에 단어를 암기해 보세요.

연습하기

본문의 회화가 트랙별로 제공되어 있어 반복해서 들으며 따라 쓸 수 있도록 했습니다. 다음과 같은 단계로 듣고 쓰기를 권장합니다.

❶ 녹음을 들으며 성조 체크

Zhè ge xuéqī nǐ xuǎn le jǐ mén kè?

자오량 这个学期你选了几门课?   这个学期你选了几门课?

❷ 녹음을 들으며 따라 쓰기   ❸ 한 번 더 쓰기

❶ 녹음을 들으며 제시되어 있는 한어병음의 모음 위에 성조를 표기해 보세요.
❷ 녹음을 들으며 제시되어 있는 문장을 따라 써 보세요.
❸ 녹음을 들으며 빈칸에 중국어 문장을 받아 써 보세요.

복습하기

어법 압축 파일로 본문에서 배운 어법을 스스로 정리하고, **확인! 쪽지 시험**으로 자신의 실력을 최종 테스트해 보세요.

* 워크북의 정답 및 녹음 대본은 다락원 홈페이지 (www.darakwon.co.kr)의 '학습자료 ▶ 중국어'에서 다운로드 받으실 수 있습니다.

차례

- 이 책의 구성과 활용법 3

- 차례 4

01 我每天学习五六个小时。 나는 매일 대여섯 시간 공부합니다. 5

02 昨天的联欢会开得怎么样? 어제 친목회는 어땠습니까? 12

03 祝你生日快乐! 생일 축하합니다! 19

04 我头疼。 저는 머리가 아파요. 27

05 你在这儿等着，我去买票。 당신은 여기서 기다리고 있어요. 35
　　　　　　　　　　　　　　　 나는 표를 사러 갈게요.

06 那些画儿都画得好极了。 그 그림들은 정말 잘 그렸어요. 42

07 我也想买一台新款电脑。 나도 새 컴퓨터를 한 대 사고 싶어요. 49

09 一路上辛苦了。 오시는 길 수고 많으셨습니다. 57

10 一美元兑换多少人民币? 1달러는 런민삐 얼마로 바꿀 수 있습니까? 64

11 有没有一室一厅的? 방 한 개, 거실 하나짜리 있습니까? 72

12 请您把房卡和早餐券拿好。 객실 카드와 조식권을 가져가십시오. 79

13 这次旅行我忘不了。 이번 여행을 저는 잊을 수 없습니다. 87

14 祝你一路平安。 가시는 길에 평안하시길 바랍니다. 95

我每天学习五六个小时。

나는 매일 대여섯 시간 공부합니다.

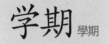

学期 學期
xuéqī 학기

学 期

选 選
xuǎn 고르다, 선택하다

选

写作 寫作
xiězuò
글을 짓다, 작문, 작품

写 作

阅读 閱讀
yuèdú 읽다

阅 读

难 難
nán
어렵다, 곤란하다, 힘들다

难

觉得 覺得 júede ~라고 생각하다	觉 得						
难怪 難怪 nánguài 어쩐지, 과연	难 怪						
脸色 臉色 liǎnsè 안색, 얼굴빛	脸 色						
才 纔 cái 겨우, 방금, 이제	才						
挣 zhèng 벌다	挣						
费 費 fèi 비용, 요금	费						

본문 받아쓰기 녹음을 반복해서 들으며 성조를 표기해 보고, 문장을 따라 써 보세요.

1 ·· 🎧 W-01-01

Zhe ge xueqi ni xuan le ji men ke?

자오량 这个学期你选了几门课？ _____

Xuan le san men, kouyu、xiezuo he yuedu.

나현 选了三门，口语、写作和阅读。 _____

Xiezuo he yuedu nan bu nan?

자오량 写作和阅读难不难？ _____

Bu tai nan, wo juede hen youyisi.

나현 不太难，我觉得很有意思。 _____

Ni meitian xuexi duo chang shijian?

자오량 你每天学习多长时间？ _____

Wo meitian xuexi wu-liu ge xiaoshi.

나현 我每天学习五六个小时。 _____

Nanguai ni de Hanyu name hao.

자오량 难怪你的汉语那么好。 _____

Nar de hua!

나현 哪儿的话！ _____

Jintian ni de lianse bu tai hao.

린하이 今天你的脸色不太好。

Wo zuijin yizhi jia ban, zuotian cai shui le wu ge xiaoshi.

남자 我最近一直加班，昨天才睡了五个小时。

Nimen yitian gongzuo duo chang shijian?

린하이 你们一天工作多长时间？

Yitian gongzuo ba ge xiaoshi.

남자 一天工作八个小时。

Danshi huor duo dehua, yao jia ban.

但是活儿多的话，要加班。

Na ni yi ge yue zheng duoshao?

린하이 那你一个月挣多少？

Yi ge yue yi wan er, ruguo baokuo jiabanfei,

남자 一个月一万二，如果包括加班费，

dagai yi wan liu zuoyou.

大概一万六左右。

Wa! Zhen bu shao a!

린하이 哇！真不少啊！

(어법 압축 파일) **본문의 어법 내용을 간단히 정리해 보세요.**

1 시태조사(时态助词) 了

'了'는 _____를 나타내는 시태조사로서 동작이 _____ 되거나 _____ 되었음을 나타낸다.

└ ① 이번 학기에 나는 다섯 과목을 신청했다.　　　→ 这个学期我_____五门课。

　 ② 어제 당신 몇 시간 잤어요?　　　　　　　　→ 昨天你_____几个小时?

2 시량보어(时量补语)

시량보어는 시간의 양을 나타내며 다음과 같은 두 가지 의미를 나타낸다.

(1) 동작이 _____된 시간을 나타낸다.

└ ① 나는 중국어를 1년간 배웠다.　　　　　　→ 我_____一年。

　　　　　　　　　　　　　　　　　　　　　　我_____汉语。

　 ② 나는 그를 30분 동안 기다렸다.　　　　　→ 我_____三十分钟。

　　　　　　　　　　　　　　　　　　　　　　我_____三十分钟。

(2) 동작이 발생한 후부터 말하는 시점까지 _____된 시간을 나타낸다.

└ ① 그가 여기에 온 지 이틀이 되었다.　　　　→ 他来_____了。

　 ② 그가 한국에 돌아간 지 1년이 되었다.　　→ 他_____了。

1 단어 빈칸을 알맞게 채워 넣어 보세요.

한자	병음	뜻
活儿	huór	
脸色		안색, 얼굴빛
	shuì	자다
加班	jiā bān	
	nánguài	어쩐지, 과연
	zhèng	벌다
阅读		읽다
包括		포함하다

2 듣기 녹음을 듣고 보기에서 알맞은 대답을 골라 보세요. 🎧 W-01-03

ⓐ 不太难，我觉得很有意思。　　ⓑ 选了三门。
ⓒ 一个月四万。　　　　　　　　ⓓ 五个小时。

(1) _____　　(2) _____

(3) _____　　(4) _____

3 어법

(1) **시태조사 '了'가 들어갈 위치를 찾아서 V표해 보세요.**

① 我学□三年□汉语□。

② 我昨天才□睡□五个小时□。

③ 我等□他□等□二十分钟。

④ 吃□饭□，再走□吧□。

(2) **다음은 틀린 문장입니다. 바르게 고쳐 보세요.**

① 我学了汉语学三年。

　　→ _____

10

② 他来十天北京了。

→ _____

③ 我等了二十分钟他。

→ _____

④ 我在中国工作的时候每天都吃了中国菜。

→ _____

4 **독해** 중국어 문장을 해석해 보세요.

(1) 今天你的脸色很好，是不是有什么好事?

→ _____

(2) 听说他每天学习两个小时汉语，难怪他的汉语那么好。

→ _____

5 **작문**

(1) **주어진 단어를 사전에서 찾아 병음과 뜻을 적어 보세요.**

한자	병음	뜻
考试		
历史		
愿意		

(2) **(1)의 단어를 이용하여 주어진 문장을 중국어로 옮겨 보세요.**

① 나는 내일 시험이 있어서 어제 겨우 네 시간 잤다.

→ _____

② 이번 학기에 역사 수업을 선택했는데 재미있다.

→ _____

③ 네가 원한다면 내일 같이 옷 사러 가자.

→ _____

昨天的联欢会开得怎么样?

어제 친목회는 어땠습니까?

| 联欢会 聯歡會 <br> liánhuānhuì 친목회 | 联 欢 会 | | | | | | | |

| 开 開 <br> kāi 개최하다, 열다, (기계 따위를) 조종하다 | 开 | | | | | | | |

| 挺 <br> tǐng 매우, 아주, 대단히 | 挺 | | | | | | | |

| 不错 不錯 <br> búcuò 괜찮다, 좋다 | 不 错 | | | | | | | |

| 练 練 <br> liàn 연습하다, 훈련하다, 수련하다 | 练 | | | | | | | |

以为 以爲	以	为					
yǐwéi 생각하다, 여기다							

原来 原來	原	来					
yuánlái 본래, 알고 보니							

传统 傳統	传	统					
chuántǒng 전통							

武术 武術	武	术					
wǔshù 무술							

欢迎 歡迎	欢	迎					
huānyíng 환영하다							

拜托	拜	托					
bàituō 부탁하다							

본문 받아쓰기 녹음을 반복해서 들으며 성조를 표기해 보고, 문장을 따라 써 보세요.

1 ⋯⋯⋯⋯⋯⋯⋯⋯⋯⋯⋯⋯⋯⋯⋯⋯⋯⋯⋯⋯⋯⋯⋯⋯⋯⋯⋯⋯⋯ W-02-01

Zuotian de lianhuanhui kai de zenmeyang?

자오량 昨天的联欢会开得怎么样？

_____

Dajia chi de hen hao, he de hen hao, wanr de ye ting kaixin.

나현 大家吃得很好，喝得很好，玩儿得也挺开心。

_____

Women hai chang le ji shou Zhongguo ge.

我们还唱了几首中国歌。

_____

Ni hui chang Zhongguo ge?

자오량 你会唱中国歌？

Hui yi-liang shou, dan wo chang de bu zenmeyang.

나현 会一两首，但我唱得不怎么样。

_____

Tingshuo ni chang de bucuo.

听说你唱得不错。

Mamahuhu. Danshi ruguo ni xiang xue, wo keyi jiao ni.

자오량 马马虎虎。但是如果你想学，我可以教你。

_____

나현
Zhen de ma? Na yihuir ni jiu jiaojiao wo ba!
真的吗？那一会儿你就教教我吧！

2 ⋯⋯⋯⋯⋯⋯⋯⋯⋯⋯⋯⋯⋯⋯⋯⋯⋯⋯⋯⋯⋯⋯⋯⋯⋯⋯⋯ 🎧 W-02-02

린하이
Gongyuan li ren zheme duo!
公园里人这么多！

우림
Ni kan, naxie ren zai zuo shenme ne?
你看，那些人在做什么呢？

린하이
Tamen zhengzai lian taijiquan.
他们正在练太极拳。

우림
Wo hai yiwei taijiquan he taiquandao chabuduo ne,
我还以为太极拳和跆拳道差不多呢，

yuanlai zheme bu yiyang.
原来这么不一样。

린하이
Taijiquan shi Zhongguo de chuantong wushu,
太极拳是中国的传统武术，

hen shou Zhongguo ren de huanying.
很受中国人的欢迎。

Wo ye xiang xuexue.

우림   我也想学学。 _____

Wo yeye shi taijiquan gaoshou. Ni keyi gen ta xue yi xue.

린하이   我爷爷是太极拳高手。你可以跟他学一学。

_____

Tai hao le. Baituo ni gen yeye haohaor shuoshuo.

우림   太好了。拜托你跟爷爷好好儿说说。

_____

복습하기 ●●

(어법 압축 파일) 본문의 어법 내용을 간단히 정리해 보세요.

1 상태보어(情态补语)

동사나 형용사의 뒤에서 관련된 _____를 설명해 주는 보어를 상태보어라고 하며,
동사나 형용사와 상태보어 사이에는 조사 _____를 넣는다.

└ ① 그는 노래를 잘한다.   → 他唱_____。

  ② 그는 중국어를 별로 잘 못한다.   → 他说汉语_____。

2 동사의 중첩

동사를 중첩하면 '좀 ~해 보다'라는 의미로 가볍게 동작을 _____해 봄을 나타낸다.

└ ① 나는 중국어를 좀 배워 보고 싶다.   → 我想_____。

  ② 당신 이것 좀 봐요.   → 你_____。

3 동작의 진행

동사 앞에 _____이나 _____, _____를 붙이면 동작이 진행 중임을 나타

16

낸다. 이때 문장 끝에 _____를 붙일 수 있다.

① 당신 뭐 하고 있어요?　　　　　　　→ 你_____什么呢?

② 그는 텔레비전을 보고 있어요.　　　　→ 他_____电视呢。

확인! 쪽지 시험 **가볍게 실력을 체크해 보세요.**

1 단어 **빈칸을 알맞게 채워 넣어 보세요.**

한자	병음	뜻
	tàijíquán	태극권
传统		전통
	huānyíng	환영하다
拜托	bàituō	
武术		무술
开心	kāixīn	
马马虎虎		
	yǐwéi	

2 듣기 **녹음을 듣고 보기에서 알맞은 대답을 골라 보세요.** 🎧 W-02-03

┌───┐
ⓐ 大家玩儿得挺开心。　　　　　ⓑ 他们正在练太极拳。
ⓒ 太极拳是中国的传统武术。　　ⓓ 会一两首。
└───┘

(1) _____　　(2) _____

(3) _____　　(4) _____

3 어법

(1) **괄호 안의 단어가 들어갈 위치를 찾아서 V표시해 보세요.**

① 我忙□没有时间□吃饭□。　　　(得)

② 他唱歌□唱□很好□。　　　　　(得)

③ 他□跑□得□快。　　　　　　　（不）

④ □他们正□练□太极拳。　　　　（在）

(2) **다음은 틀린 문장입니다. 바르게 고쳐 보세요.**

① 我们休休息息。　　　　　→ _____

② 我想学汉语学汉语。　　　→ _____

③ 她说汉语得很快。　　　　→ _____

④ 昨天我去他家的时候，他正在看了电视。

　　　→ _____

4 독해 **중국어 문장을 해석해 보세요.**

(1) 你吃过荔枝吗？你尝尝，很好吃。

　　　→ _____

(2) 我去的时候，他正在上汉语课，我在外边等了他二十分钟。

　　　→ _____

5 작문

(1) **주어진 단어를 사전에서 찾아 병음과 뜻을 적어 보세요.**

한자	병음	뜻
收拾		
干净		
洗		

(2) **(1)의 단어를 이용하여 주어진 문장을 중국어로 옮겨 보세요.**

① 너 빨리 정돈 좀 해라.　　　→ _____

② 옷은 깨끗하게 빨았다.　　　→ _____

③ 그는 옷을 빨고 있다.　　　→ _____

祝你生日快乐!

생일 축하합니다!

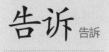

告诉 告訴
gàosu 알리다, 말하다

告 诉

送
sòng 선물하다, 보내다

送

礼物 禮物
lǐwù 예물, 선물

礼 物

介绍 介紹
jièshào 소개하다

介 绍

书 書
shū 책

书

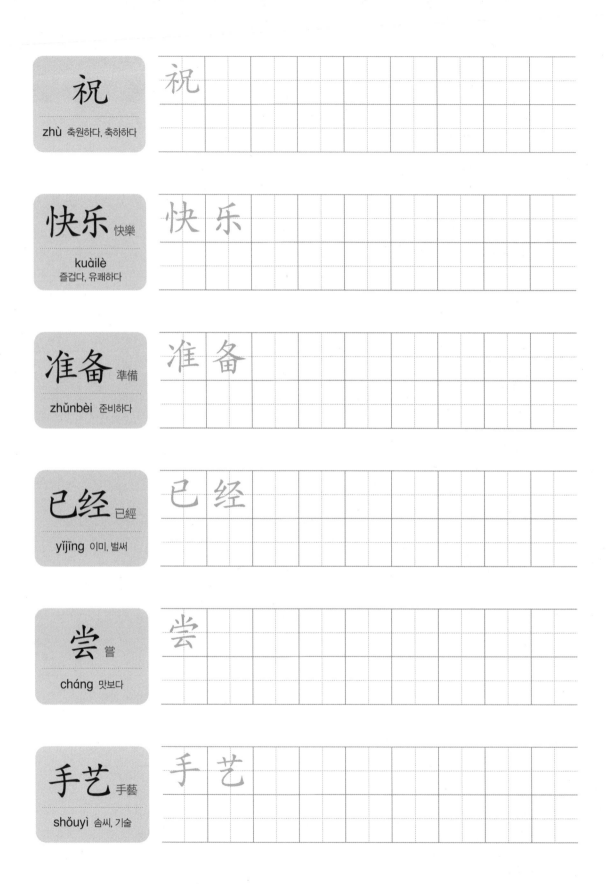

祝
zhù 축원하다, 축하하다

快乐 快樂
kuàilè
즐겁다, 유쾌하다

准备 準備
zhǔnbèi 준비하다

已经 已經
yǐjīng 이미, 벌써

尝 嘗
cháng 맛보다

手艺 手藝
shǒuyì 솜씨, 기술

본문 받아쓰기 · 녹음을 반복해서 들으며 성조를 표기해 보고, 문장을 따라 써 보세요.

1 .... 🎧 W-03-01

Shang ge xingqi wo jiandao Naxian,

자오량　上个星期我见到娜贤，

_____

ta gaosu wo zhe ge xingqiliu shi ta de shengri.

她告诉我这个星期六是她的生日。

_____

Ta ye gei wo da dianhua le, qing women qu ta jia zuo ke.

린하이　她也给我打电话了，请我们去她家做客。

_____

Jiuyao dao xingqiliu le, women song ta shenme liwu hao ne?

자오량　就要到星期六了，我们送她什么礼物好呢？

_____

Ta lai Zhongguo bu jiu,

린하이　她来中国不久，_____

women song ta yi ben jieshao lao Beijing de shu ba.

我们送她一本介绍老北京的书吧。

_____

Hao zhuyi, women xianzai jiu qu mai ba.

자오량　好主意，我们现在就去买吧。

_____

Shijian bu zao le, shudian kuai guan men le.

린하이　时间不早了，书店快关门了。

Mingtian zai qu ba.

明天再去吧。

Na mingtian shangwu shi dian zai Xinhua Shudian menkou jian.

자오량　那明天上午十点在新华书店门口见。

Naxian, zhu ni shengri kuaile!

자오량　娜贤，祝你生日快乐!

Zhe shi women song gei ni de liwu, qing shouxia!

린하이　这是我们送给你的礼物，请收下!

Xiexie nimen! Zhe limian shi shenme?

나현　谢谢你们! 这里面是什么?

Ni dakai kankan ba. Xiwang ni hui xihuan.

자오량　你打开看看吧。希望你会喜欢。

나현 Wa! Zhe ben shu wo zaojiu xiang mai, keshi yizhi mei mai dao.

哇！这本书我早就想买，可是一直没买到。

린하이 Ni xihuan jiu hao.

你喜欢就好。

나현 Cai yijing zhunbeihao le, dajia kuai chen re chi ba.

菜已经准备好了，大家快趁热吃吧。

자오량 Zheme duo de cai! Jintian yao haohaor changchang ni de shouyi.

这么多的菜！今天要好好儿尝尝你的手艺。

📢 복습하기

어법 압축 파일 본문의 어법 내용을 간단히 정리해 보세요.

1 결과보어(结果补语)

결과보어란 동작이나 상태에 의하여 야기된 _____를 나타내는 보어를 말한다.

菜已经准备好了。　　　　　　　　她疼哭了。

부정형은 동사의 앞에 _____를 쓴다.

上个星期我没见到娜贤。　　　　　菜还没准备好。

└ 주어진 단어를 어순에 맞게 배열해 문장을 완성해 보세요.

① 他妹妹 / 到 / 见　　　　　→ 昨天我_____了。

② 一本书 / 送 / 我 / 给　　　→ 他_____。

③ 好 / 能 / 这件事 / 做　　　→ 他_____。

2 어기조사(语气助词) 了

어기조사 '了'는 상황의 _____나 새로운 상황의 _____을 나타낸다.

    ① 나는 전에 담배를 피웠지만 이제는 안 피운다.

        → 我以前抽烟，现在_____。

    ② 날씨가 더워졌다.

        → 天气_____。

3 就要……了 / 快(要)……了

가까운 미래에 곧 어떤 상황이 발생할 것임을 나타낸다. '就要……了'는 앞에 _____가 부사어로 쓰일 수 있지만 '快(要)……了'는 앞에 시간명사가 올 수 (□ 있다 / □ 없다).

    ① 서점이 곧 문을 닫는다.   → 书店_____。

    ② 나는 내일이면 귀국한다.   → 我明天_____。

(확인! 쪽지 시험) **가볍게 실력을 체크해 보세요.**

1 (단어) 빈칸을 알맞게 채워 넣어 보세요.

한자	병음	뜻
	lǐwù	예물, 선물
做客	zuò kè	
	xīwàng	희망하다
关门	guān mén	
打开	dǎkāi	
	zhǔyì	방법, 생각, 의견
准备		준비하다
	shǒuyì	솜씨, 기술

2 〔듣기〕 녹음을 듣고 보기에서 알맞은 대답을 골라 보세요. 🎧 W-03-03

ⓐ 你打开看看吧。   ⓑ 谢谢你们！
ⓒ 时间不早了，明天再去吧。   ⓓ 我们送她一本书吧。
---

(1) _____   (2) _____

(3) _____   (4) _____

3 〔어법〕

(1) **빈칸에 들어갈 알맞은 결과보어를 보기에서 골라 써 보세요.**

到　　好　　给　　哭
---

① 菜已经准备_____了。

② 这个星期我没见_____她。

③ 她疼_____了。

④ 我要送_____他一本书。

(2) **빈칸에 들어갈 알맞은 단어를 보기에서 골라 써 보세요.**

已经　　好好儿　　会　　就
---

① 他_____来了。

② 他明天_____要回国了。

③ 今天要_____尝尝你的手艺。

④ 希望你_____喜欢。

4 〔독해〕 중국어 문장을 해석해 보세요.

(1) 就要到星期六了，这个星期六你打算做什么？

→ _____

(2) 她有了一个新的男朋友，她不喜欢我了。

→ _____

5 작문

(1) 단어를 사전에서 찾아 병음과 뜻을 적어 보세요.

한자	병음	뜻
熟		
戒指		
搬家		

(2) (1)의 단어를 이용하여 주어진 문장을 중국어로 옮겨 보세요.

① 사과가 익었다.

→ _____

② 그는 나에게 반지를 하나 선물했다.

→ _____

③ 그는 내일이면 이사한다.

→ _____

04 我头疼。
저는 머리가 아파요.

✏️ **예습하기**

舒服
shūfu
편안하다, 상쾌하다

舒 服

头疼 頭疼
tóu téng
머리가 아프다

头 疼

感冒
gǎnmào
감기, 감기에 걸리다

感 冒

药 藥
yào 약, 약물

药

恐怕
kǒngpà
아마 ~일 것이다

恐 怕

说一声						
說一聲						
shuō yì shēng						
한마디 하다	说	一	声			

没问题						
沒問題						
méi wèntí 문제없다	没	问	题			

机会 機會						
jīhuì 기회	机	会				

灵 靈						
líng						
효과가 있다, 잘 듣다	灵					

其实 其實						
qíshí 사실은, 실제는	其	实				

打针 打針						
dǎ zhēn 주사를 놓다	打	针				

본문 받아쓰기 녹음을 반복해서 들으며 성조를 표기해 보고, 문장을 따라 써 보세요.

1 .... 🎧 W-04-01

Ni zenme le? Nar bu shufu?

우림 你怎么了? 哪儿不舒服?

_____

Wo tou teng, sangzi ye youdianr bu shufu, hai yizhi liu biti.

나현 我头疼，嗓子也有点儿不舒服，还一直流鼻涕。

_____

Ni shi bu shi ganmao le? Wo zher you ganmaoyao, ni shishi!

우림 你是不是感冒了? 我这儿有感冒药，你试试!

_____

Zhe yao yitian chi ji ci?

나현 这药一天吃几次?

Yitian san ci, yi ci liang pian.

우림 一天三次，一次两片。

Xiexie. Jintian wo kongpa bu neng qu shang ke le.

나현 谢谢。今天我恐怕不能去上课了。

_____

Ni ti wo gen laoshi shuo yi sheng ba.

你替我跟老师说一声吧。

_____

우림 Mei wenti. Ni pingshi xuexi zheme yonggong,
没问题。你平时学习这么用功，

chen zhe jihui haohaor xiuxi xiuxi ba.
趁这机会好好儿休息休息吧。

자오량 Naxian, zuotian wo gei ni da le liang ci dianhua,
娜贤，昨天我给你打了两次电话，

ni dou mei jie, zenme hui shi?
你都没接，怎么回事？

나현 Wo ganmao le. Chi le yao, shui le yi zhengtian.
我感冒了。吃了药，睡了一整天。

자오량 Xianzai zenmeyang? Haodianr le ma?
现在怎么样？好点儿了吗？

나현 Yulin gei le wo yi he yao, hai zhen ling, chi le san ci, jiu hao le.
雨林给了我一盒药，还真灵，吃了三次，就好了。

자오량 Qishi zhi ganmao mei shenme yao, duo he shui、duo xiuxi.
其实治感冒没什么药，多喝水、多休息。

나현 Dui le! Ni mama xianzai shenti zenmeyang?
对了! 你妈妈现在身体怎么样?

자오량 Ta da le liang ci zhen, chi le ji tian yao,
她打了两次针，吃了几天药，

xianzai ganmao chabuduo dou hao le.
现在感冒差不多都好了。

나현 Zuijin zaowan wencha da, ni ye yao xiaoxin bie ganmao.
最近早晚温差大，你也要小心别感冒。

복습하기

(어법 압축 파일) 본문의 어법 내용을 간단히 정리해 보세요.

1 주술술어문

주술술어문이란 문장 전체의 술어가 _____+_____의 구조로 이루어진 문장을 말한다.

   ① 그는 키가 크지 않다.   → 他_____。

   ② 나는 머리가 아프고 목도 아프다.   → 我_____，_____。

2 동량보어(动量补语)

동량보어란 동사의 뒤에 쓰여 동작의 _____를 나타내는 보어를 말한다. 목적어가 _____이면 목적어 앞에 동량보어가 오고, 목적어가 _____이면 목적어 뒤에 동량보어가 온다.

   ① 나는 주사를 두 번 맞았다.   → 我打了_____。

   ② 나는 전에 그를 한 번 본 적이 있다.   → 我以前看过_____。

3 有(一)点儿 / (一)点儿

'有(一)点儿'은 형용사 앞에 쓰여 정도가 약함을 나타내며, 주로 (□부정적인 / □긍정적인) 상황에 쓰인다. '(一)点儿'은 형용사 뒤에 쓰여 비교의 결과, 혹은 기준보다 _____라는 의미로 쓰인다.

   ① 오늘은 어제보다 좀 춥다.   → 今天比昨天_____。

   ② 오늘은 내가 목이 좀 아프다. → 今天我嗓子_____。

(확인! 쪽지 시험) **가볍게 실력을 체크해 보세요.**

1 (단어) **빈칸을 알맞게 채워 넣어 보세요.**

한자	병음	뜻
	shūfu	편안하다, 상쾌하다
嗓子	sǎngzi	
	gǎnmào	감기, 감기에 걸리다
콧	líng	
打针	dǎ zhēn	
鼻涕		콧물
温差		온도 차
	xiǎoxīn	조심하다, 주의하다

32

2 【듣기】 녹음을 듣고 보기에서 알맞은 대답을 골라 보세요. 🎧 W-04-03

ⓐ 他学习很用功。　　　　　ⓑ 我头疼，嗓子也有点儿不舒服。
ⓒ 一天三次。　　　　　　　ⓓ 感冒差不多都好了。
---

(1) _____ (2) _____

(3) _____ (4) _____

3 【어법】

(1) **주어진 단어를 알맞게 배열하여 문장을 완성해 보세요.**

　　① 了，打，针，两次　　　　→ 她_____。

　　② 了，你，找，三次　　　　→ 昨天我_____。

　　③ 不，有点儿，高兴　　　　→ 他今天_____。

　　④ 一点儿，比，高，我　　　→ 他_____。

(2) **괄호 안의 단어가 들어갈 위치를 찾아서 V표시해 보세요.**

　　① 我喝□了□水□。　　　　　　　　　(一点儿)

　　② 我□吃过□日本菜□。　　　　　　　(一次)

　　③ 昨天我给你□打了□电话□。　　　　(两次)

　　④ 你□要□小心□感冒。　　　　　　　(别)

4 【독해】 중국어 문장을 해석해 보세요.

(1) 你最近脸色不好，是不是哪儿不舒服？

　　→ _____

(2) 我最怕打针，治感冒能不能只吃药不打针？

　　→ _____

5 작문

(1) 주어진 단어를 사전에서 찾아 병음과 뜻을 적어 보세요.

한자	병음	뜻
肚子		
问题		
心里		

(2) (1)의 단어를 이용하여 주어진 문장을 중국어로 옮겨 보세요.

① 그는 배가 아프다.

→ _____

② 별 큰 문제 없으니, 물을 많이 마시고 많이 쉬세요.

→ _____

③ 마음이 좀 편치 않다.

→ _____

05

你在这儿等着，我去买票。

당신은 여기서 기다리고 있어요. 나는 표를 사러 갈게요.

 예습하기

修	修					
xiū 수리하다

刚才 剛纔	刚 才				
gāngcái
지금, 방금, 이제, 막

骑车 騎車	骑 车				
qí chē 자전거를 타다

轮胎 輪胎	轮 胎				
lúntāi 타이어

爆	爆					
bào 펑크 나다, 터지다

电影 電影
diànyǐng 영화

电影

对 對
duì
~에게, ~을 향하여

对

张 張
zhāng [종이·책상·
침대 따위의 넓은 표면을
가진 것을 세는 단위]

张

钱包 錢包
qiánbāo 돈지갑

钱包

总算 總算
zǒngsuàn
마침내, 드디어

总算

担心 擔心
dān xīn
염려하다, 걱정하다

担心

연습하기

본문 받아쓰기 녹음을 반복해서 들으며 성조를 표기해 보고, 문장을 따라 써 보세요.

1 .... 🎧 W-05-01

Yulin, ni zuo shenme ne?

린하이 雨林，你做什么呢？ _____

Wo zhengzai xiu zixingche. Gangcai wo qi che chuqu, luntai bao le.

우림 我正在修自行车。刚才我骑车出去，轮胎爆了。

_____

Ni mei shi ba?

린하이 你没事吧？ _____

Mei shi.

우림 没事。 _____

Ni mei shi jiu hao.

린하이 你没事就好。 _____

Ming wan wo he Zhao Liang qu kan dianying 《Liulang Diqiu》,

明晚我和赵亮去看电影《流浪地球》，

_____

ni qu bu qu?

你去不去？ _____

Wo zaojiu xiang kan na bu dianying.

우림 我早就想看那部电影。

_____

린하이 Na women ming wan liu dian zai xuexiao menkou deng ni,
那我们明晚六点在学校门口等你，

bu jian bu san!
不见不散！

린하이 Ni zai zher deng zhe, wo qu mai piao.
你在这儿等着，我去买票。

(dui shoupiaoyuan)《Liulang Diqiu》, ba dian de, san zhang!
(对售票员)《流浪地球》，八点的，三张！

Ni na zhe, wo qu yixia xishoujian.
你拿着，我去一下洗手间。

자오량 Kuai dianr! Yulin zai xiaomaibu menkou deng zhe women ne.
快点儿! 雨林在小卖部门口等着我们呢。

•   •   •   •   •   •   •   •   •   •

린하이 Ni zai zhao shenme?
你在找什么？

자오량 Wo de qianbao bu jian le.
我的钱包不见了。

Dishang de na ge qianbao bu shi ni de ma?

린하이 地上的那个钱包不是你的吗?

_____

O, shi wo de. Zongsuan zhaodao le.

자오량 哦，是我的。总算找到了。   _____

Women de piao ne?

린하이 我们的票呢?   _____

Bie dan xin, ni kan, jiu zai wo de koudai li.

자오량 别担心，你看，就在我的口袋里。

_____

📢 복습하기

(어법 압축 파일) **본문의 어법 내용을 간단히 정리해 보세요.**

1 시태조사 着

시태조사 '着'는 동사 뒤에 쓰여 동작이 _____되거나 동작의 결과 어떤 _____
가 지속됨을 나타낸다.

  ① 그는 손에 지갑을 들고 있다.   → 他手里_____钱包。

  ② 책상 위에 책이 한 권 놓여 있다.   → 桌子上_____一本书。

2 반어문(反问句)

반어문이란 _____의 의문 형식을 통하여 강하게 긍정하거나 _____의 의문
형식을 통하여 강하게 부정하는 문장을 말한다.

  ① 저 사람 네 누나 아니니?   → 她_____?

  ② 내가 그 사람을 어떻게 알겠어?   → 我_____?

1 단어 빈칸을 알맞게 채워 넣어 보세요.

한자	병음	뜻
	lúntāi	타이어
	zìxíngchē	자전거
洗手间		화장실
钱包	qiánbāo	
总算	zǒngsuàn	
	bào	펑크 나다, 터지다
小卖部	xiǎomàibù	
口袋		호주머니

2 듣기 녹음을 듣고 보기에서 알맞은 대답을 골라 보세요. 🎧 W-05-03

> ⓐ 就在我的口袋里。　　　ⓑ 我的钱包不见了。
> ⓒ 不是我的。　　　ⓓ 我正在修自行车。

(1) _____ (2) _____

(3) _____ (4) _____

3 어법

(1) 빈칸에 '在'나 '着'를 넣어서 문장을 완성해 보세요.

① 你在这儿等_____，我去买票。

② 她_____看电视。

③ 桌子上放_____一本书。

④ 昨天我去他家的时候，他正_____看电视。

(2) **빈칸에 들어갈 알맞은 말을 보기에서 골라 문장을 완성해 보세요.**

> 一下   总算   不   早就

① _____找到了。

② 我去_____洗手间。

③ 我们明晚六点在学校门口等你，_____见_____散！

④ 我_____想看那部电影。

4 독해 **중국어 문장을 해석해 보세요.**

(1) 教室的门开着，里边坐着几个学生。老师穿着一件黄色的衣服。

→ _____

(2) 你不是中国人吗？怎么不喜欢吃中国菜？

→ _____

5 작문

(1) **주어진 단어를 사전에서 찾아 병음과 뜻을 적어 보세요.**

한자	병음	뜻
散步		
表妹		
收音机		

(2) **(1)의 단어를 이용하여 주어진 문장을 중국어로 옮겨 보세요.**

① 언니는 음악을 들으면서 산책한다.

→ _____

② 그녀는 네 사촌 여동생이 아니니?

→ _____

③ 이 라디오는 마침내 수리됐다.

→ _____

那些画儿都画得好极了。

그 그림들은 정말 잘 그렸어요.

 예습하기

展览馆 展覽館 zhǎnlǎnguǎn 전시관	展 览 馆

画 畫 huà (그림을) 그리다, 그림	画

极了 極了 jíle 매우, 몹시	极 了

了解 瞭解 liǎojiě 잘 알다, 이해하다	了 解

风格 風格 fēnggé 풍격, 태도나 방법	风 格

决定	决	定						
juédìng 정하다, 결정하다								

堵	堵							
dǔ 막다, 가로막다								

厉害 厲害	厉	害						
lìhai 대단하다, 심하다								

挤 擠	挤							
jǐ 비집다, 밀치다								

比较 比較	比	较						
bǐjiào 비교적								

出发 出發	出	发						
chūfā 출발(하다)								

연습하기

본문 받아쓰기) 녹음을 반복해서 들으며 성조를 표기해 보고, 문장을 따라 써 보세요.

1 ·· 🎧 W-06-01

나현
Zuijin Beijing Zhanlanguan you ge huazhan,
最近北京展览馆有个画展，_____

tingshuo naxie huar dou hua de hao jile.
听说那些画儿都画得好极了。

_____

자오량
Ni xihuan kan huar ma?
你喜欢看画儿吗？ _____

나현
Xihuan, wo xiang liaojie yixia Zhongguohuar de fengge.
喜欢，我想了解一下中国画儿的风格。

_____

Mingtian ni pei wo qu hao ma?
明天你陪我去好吗？ _____

자오량
Mingtian wo mang de hen, kongpa mei shijian.
明天我忙得很，恐怕没时间。

_____

나현
Na houtian zenmeyang?
那后天怎么样？ _____

Kanwan huazhan women yiqi qu Quanjude chi kaoya.
看完画展我们一起去全聚德吃烤鸭。

_____

Hao zhuyi! Wo zuijin yizhi mei chi kaoya.

자오량 好主意！我最近一直没吃烤鸭。

Na jiu zheme jueding le!

나현 那就这么决定了！

2

W-06-02

Zhen duibuqi, wo laiwan le.

나현 真对不起，我来晚了。

Shuo hao wu dian jian mian, wo cha yi ke wu dian jiu dao le,

자오량 说好五点见面，我差一刻五点就到了，

---

ni zenme wu dian ban cai lai?

你怎么五点半才来？

Mei xiangdao lushang che du de zheme lihai!

나현 没想到路上车堵得这么厉害！

Ni zuo gongjiaoche le? Zenme mei zuo ditie?

자오량 你坐公交车了？怎么没坐地铁？

Ditiezhan ren duo jile, mei ji shang.

나현 地铁站人多极了，没挤上。

Shangxiaban gaofeng shijian, haishi zuo ditie bijiao hao.

자오량　上下班高峰时间，还是坐地铁比较好。

_____

Xiaci wo yiding zhuyi tiqian chufa.

나현　下次我一定注意提前出发。　_____

복습하기

(어법 압축 파일) **본문의 어법 내용을 간단히 정리해 보세요.**

1 부정사 没(有)

'没(有)'는 사건이나 동작이 _____하지 않았거나 _____되지 않았음을 나타낸다. 시태조사 _____와 함께 쓰일 수 없다.

① 나는 아직 밥을 먹지 않았다.　　　　→ 我还_____。

② 나는 그를 좋아한 적이 없다.　　　　→ 我_____他。

2 정도보어(程度补语)

형용사의 뒤에 쓰여 _____를 나타내는 보어를 정도보어라고 한다. 정도보어는 대개 정도가 (□약함 / □심함)을 나타낸다. 정도보어 중에는 _____를 필요로 하는 것도 있다.

① 오늘 더워 죽겠다.　　　　→ 今天_____。

② 요즘 나는 너무 바쁘다.　　　　→ 最近我_____。

3 就 / 才

앞에 시간을 나타내는 표현이 오는 경우에 '就'는 예상보다 (□이르다 / □늦다)는 의미를, '才'는 예상보다 (□이르다 / □늦다)는 의미를 나타낸다.

① 나는 세 시 십오 분 전에 왔는데 그는 세 시 십오 분이 돼서야 왔다.

→ 我_____来了，他_____来。

② 남동생은 7시에 귀가했는데 오빠는/형은 12시가 돼서야 귀가했다.

→ 弟弟七点＿＿＿＿＿＿＿＿了，哥哥十二点＿＿＿＿＿＿＿＿。

확인! 쪽지 시험 가볍게 실력을 체크해 보세요.

1 **단어** 빈칸을 알맞게 채워 넣어 보세요.

한자	병음	뜻
堵	dǔ	
展览馆		전시관
厉害	lìhai	
决定		정하다, 결정하다
	zhùyì	주의하다, 조심하다
	jiàn miàn	만나다, 대면하다
出发		출발(하다)
	tíqián	(예정된 시간·기한을) 앞당기다

2 **듣기** 녹음을 듣고 보기에서 알맞은 대답을 골라 보세요. 🎧 W-06-03

ⓐ 地铁站人多极了，没挤上。　　　ⓑ 明天我忙得很，恐怕没时间。
ⓒ 喜欢，我想了解一下中国画儿的风格。　ⓓ 没想到路上车堵得这么厉害！

(1) ＿＿＿＿＿＿＿＿＿＿＿　　　(2) ＿＿＿＿＿＿＿＿＿＿＿

(3) ＿＿＿＿＿＿＿＿＿＿＿　　　(4) ＿＿＿＿＿＿＿＿＿＿＿

3 **어법**

(1) **빈칸에 들어갈 알맞은 말을 보기에서 골라 써 보세요.**

极了　　厉害　　死了　　很

① 没想到路上车堵得这么＿＿＿＿＿＿！

② 那些画儿都画得好＿＿＿＿＿＿＿。

③ 明天我忙得＿＿＿＿＿＿＿。

④ 今天热＿＿＿＿＿＿＿。

(2) **주어진 문장을 부정문으로 고쳐 보세요.**

① 今天她来了。　　　　　　　→ ＿＿＿＿＿＿＿＿＿＿＿＿＿＿＿＿

② 我找到那本书了。　　　　　→ ＿＿＿＿＿＿＿＿＿＿＿＿＿＿＿＿

③ 我挤上车了。　　　　　　　→ ＿＿＿＿＿＿＿＿＿＿＿＿＿＿＿＿

④ 我坐地铁了。　　　　　　　→ ＿＿＿＿＿＿＿＿＿＿＿＿＿＿＿＿

4 독해 중국어 문장을 해석해 보세요.

(1) 已经八点了，你怎么现在才来呢？

→ ＿＿＿＿＿＿＿＿＿＿＿＿＿＿＿＿＿＿＿＿＿＿＿＿＿＿＿＿＿＿

(2) 今天早上我头疼得厉害，吃了药，现在好一点儿了。

→ ＿＿＿＿＿＿＿＿＿＿＿＿＿＿＿＿＿＿＿＿＿＿＿＿＿＿＿＿＿＿

5 작문

(1) **주어진 단어를 사전에서 찾아 병음과 뜻을 적어 보세요.**

한자	병음	뜻
有名		
特别		
摩托车		

(2) **(1)의 단어를 이용하여 주어진 문장을 중국어로 옮겨 보세요.**

① 베이징 카오야(오리구이)가 유명하다던데 너 먹어 봤니?

→ ＿＿＿＿＿＿＿＿＿＿＿＿＿＿＿＿＿＿＿＿＿＿＿＿＿

② 오늘은 길에 차가 유난히 심하게 막힌다.

→ ＿＿＿＿＿＿＿＿＿＿＿＿＿＿＿＿＿＿＿＿＿＿＿＿＿

③ 너 오토바이 타고 오니? 왜 지하철을 안 타?

→ ＿＿＿＿＿＿＿＿＿＿＿＿＿＿＿＿＿＿＿＿＿＿＿＿＿

我也想买一台新款电脑。

나도 새 컴퓨터를 한 대 사고 싶어요.

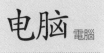 예습하기

电脑 電腦 diànnǎo 컴퓨터	电 脑				

价格 價格 jiàgé 가격	价 格				

旧 舊 jiù 옛날의, 과거의	旧				

越来越 越來越 yuèláiyuè 점점, 더욱더	越 来 越				

台 臺 tái 대, 회 [기계·차량이나 연극의 공연 횟수를 셀 때 씀]	台				

补习班 补習班 bǔxíbān 학원	补	习	班				

咨询 咨詢 zīxún 상담하다	咨	询					

视频 視頻 shìpín 동영상	视	频					

办法 辦法 bànfǎ 방법, 수단	办	法					

智能手机 智能手機 zhìnéng shǒujī 스마트폰	智	能	手	机			

随时 隨時 suíshí 언제나, 수시로	随	时					

녹음을 반복해서 들으며 성조를 표기해 보고, 문장을 따라 써 보세요.

1 ·· 🎧 W-07-01

Zhe jiu shi ni zuotian mai de diannao, sudu yiding hen kuai ba.

자오량   这就是你昨天买的电脑，速度一定很快吧。

Ni lai shishi! Sudu bi yiqian kuai liang bei.

우림   你来试试！速度比以前快两倍。

Jiage ye ting gui ba?

자오량   价格也挺贵吧？

Bu, bi jiu xing de pianyi yi qian kuai zuoyou.

우림   不，比旧型的便宜一千块左右。

Shi ma? Xianzai de diannao xingneng yuelaiyue hao,

자오량   是吗？现在的电脑性能越来越好，

---

jiage ye yuelaiyue pianyi le.

价格也越来越便宜了。

Shi a. You le zhe tai xin diannao,

우림   是啊。有了这台新电脑，

---

wo jiu buyong jingchang qu wangba le.

我就不用经常去网吧了。

Zhen xianmu ni, wo ye xiang mai yi tai xinkuan diannao.

자오량   真羡慕你，我也想买一台新款电脑。

Ni xianzai qu nar?

나현   你现在去哪儿？

Wo xiang xue Riyu, suoyi yao qu buxiban zixun yixia.

린하이   我想学日语，所以要去补习班咨询一下。

Qishi wo ye zaojiu xiang zai xue yi men waiyu.

나현   其实我也早就想再学一门外语。

Chule Yingyu、Hanyu yiwai, ni hai xiang xue shenme waiyu?

린하이   除了英语、汉语以外，你还想学什么外语？

Wo xiang xue Xibanyayu, keshi wo meiyou shijian qu buxiban xuexi.

나현   我想学西班牙语，可是我没有时间去补习班学习。

Ni keyi xian zai wang shang xue, yong shouji kankan shipin.

린하이 你可以先在网上学，用手机看看视频。

Hao banfa! You le zhineng shouji, suishi suidi dou keyi xuexi,

나현 好办法！有了智能手机，随时随地都可以学习，

zhen shi tai fangbian le!

真是太方便了！

Shi a! Women dei haohaor liyong.

린하이 是啊！我们得好好儿利用。

복습하기

(어법 압축 파일) 본문의 어법 내용을 간단히 정리해 보세요.

1 비교수량보어

비교수량보어는 형용사 뒤에 쓰여 비교한 결과 차이가 나는 _____ 을 나타낸다.

① 형은 나보다 두 살 많다. → 哥哥比我_____。

② 이 옷은 저 옷보다 20위안 싸다. → 这件衣服_____。

2 得 / 不用

'得'는 _____ 라는 의미의 조동사이고, 부정형은 '不用'으로 _____ 라는 뜻이다.

① 너 오늘은 좀 일찍 와야 한다. → 你今天_____ 早点儿_____。

② 오늘은 그가 오니까 내가 그를 찾아갈 필요가 없다.

→ 今天他来，我_____。

3 除了……(以外)

'除了'는 _____, _____라는 뜻으로 주어진 항목 외에 다른 것을 더 추가할 때 쓰이며 뒤에 _____, _____가 온다.

　① 너는 그림 그리는 것 말고 또 뭐 하는 걸 좋아하니?

　　→ 除了_____, 你_____做什么?

　② 그 사람 말고 우리도 베이징에 가 봤다.

　　→ 除了_____, 我们_____北京。

확인! 쪽지 시험　가볍게 실력을 체크해 보세요.

1 단어 빈칸을 알맞게 채워 넣어 보세요.

한자	병음	뜻
	diànnǎo	컴퓨터
性能	xìngnéng	
速度		속도
	xiànmù	부러워하다
新款	xīnkuǎn	
网吧	wǎngbā	
	děi	~해야 한다
价格	jiàgé	

2 듣기 녹음을 듣고 보기에서 알맞은 대답을 골라 보세요. 🎧 W-07-03

ⓐ 我在网上看电影。　　　　ⓑ 不, 比旧型的便宜一点儿。
ⓒ 速度比以前快两倍。　　　　ⓓ 星期二、星期四也有汉语课。

(1) _____　　　(2) _____

(3) _____　　　(4) _____

3 어법

(1) 빈칸에 들어갈 알맞은 말을 보기에서 골라 써 보세요.

> 随时随地　　一台　　不用　　越来越

① 现在的电脑价格＿＿＿＿＿＿＿＿便宜了。

② 我也想买＿＿＿＿＿＿＿＿新款电脑。

③ 有了这台新电脑，我就＿＿＿＿＿＿＿＿经常去网吧了。

④ 有了智能手机，＿＿＿＿＿＿＿＿都可以学习。

(2) 주어진 단어를 알맞게 배열하여 문장을 완성해 보세요.

① 三岁，大，我，比　　　　　　　→ 他＿＿＿＿＿＿＿＿＿＿＿＿＿＿。

② 陪，不用，我，去　　　　　　　→ 你＿＿＿＿＿＿＿＿＿＿＿＿＿＿。

③ 我，买的，昨天，电脑　　　　　→ 这就是＿＿＿＿＿＿＿＿＿＿＿。

④ 除了，都，他，不会，汉语，说　→ ＿＿＿＿＿＿＿＿，我们＿＿＿＿＿＿。

4 독해 중국어 문장을 해석해 보세요.

(1) 除了跆拳道，我还想学太极拳。

→ ＿＿＿＿＿＿＿＿＿＿＿＿＿＿＿＿＿＿＿＿＿＿＿＿＿＿＿

(2) 听雨林说，昨天他买了一台电脑，性能不错，价格也不贵。我想去看看。

→ ＿＿＿＿＿＿＿＿＿＿＿＿＿＿＿＿＿＿＿＿＿＿＿＿＿＿＿

5 작문

(1) 주어진 단어를 사전에서 찾아 병음과 뜻을 적어 보세요.

한자	병음	뜻
胖		
耳机		
化妆		

(2) (1)의 단어를 이용하여 주어진 문장을 중국어로 옮겨 보세요.

① 그는 갈수록 살이 찐다.

→ _____

② 내 이어폰은 네 것보다 두 배 더 비싸다.

→ _____

③ 너는 화장할 필요가 없어.

→ _____

09 一路上辛苦了。

오시는 길 수고 많으셨습니다.

예습하기

约会 約會
yuēhuì 만날 약속

约 会

开车 開車
kāi chē
운전하다, 차를 몰다

开 车

为 爲
wèi ~을 위하여

为

处 處
chù 곳, 장소

处

帮 幫
bāng 돕다, 거들다

帮

年底
niándǐ 연말

年底

雾 霧
wù 안개

雾

航班
hángbān
운행표, 취항 순서

航班

晚点 晚點
wǎn diǎn (차·선박·
비행기 등의) 출발이나
도착이 지연되다

晚点

停车场
停車場
tíngchēchǎng
주차장

停车场

麻烦 麻煩
máfan 폐, 번거로운 일,
귀찮다, 번거롭다, 번거롭게
하다, 폐를 끼치다

麻烦

연습하기

본문 받아쓰기 · 녹음을 반복해서 들으며 성조를 표기해 보고, 문장을 따라 써 보세요.

1 ·· 🎧 W-09-01

Mingtian wanshang de yuehui neng bu neng gai dao houtian?

우림 明天晚上的约会能不能改到后天？

_____

Zenme? Ni you shenme shir?

린하이 怎么？你有什么事儿？ _____

Mingtian Hanguo zonggongsi pai ren lai Zhongguo,

우림 明天韩国总公司派人来中国，

_____

wo dei kai che qu jie ta.

我得开车去接他。 _____

Ta dao zher yihou, zhu zai nar?

린하이 他到这儿以后，住在哪儿？

_____

Ni wei ta zhaodao zhu chu la?

你为他找到住处啦？ _____

Wo dasuan xian rang ta zhu zai gongsi sushe,

우림 我打算先让他住在公司宿舍，

_____

ranhou wo zai bang ta zhao fangzi.

然后我再帮他找房子。

Ta yao zai Beijing dai dao shenme shihou?

린하이 他要在北京待到什么时候？ _____

Ta yao dai dao mingnian niandi.

우림 他要待到明年年底。 _____

2 .... 🎧 W-09-02

Nin jiu shi cong Dahan Yinhang lai de Liu xiansheng ba?

현철 您就是从大韩银行来的柳先生吧？

_____

Wo jiu shi. Zheng xiansheng, nin hao!

우림 我就是。郑先生，您好！ _____

Yilushang xinku le. Lei le ba?

一路上辛苦了。累了吧？ _____

Yidianr ye bu lei.

현철 一点儿也不累。 _____

Jintian Shou'er xia da wu, suoyou hangban dou wan dian le.

今天首尔下大雾，所有航班都晚点了。

_____

Rang nin jiu deng le, zhen buhaoyisi.

让您久等了，真不好意思。 _____

Nin zhe shi nar de hua! Wo bang nin na xingli.

우림 您这是哪儿的话！我帮您拿行李。

_____

Buyong, buyong. Xingli yidianr ye bu zhong.

현철 不用，不用。行李一点儿也不重。

_____

Wo de che jiu ting zai tingchechang. Wo song nin dao sushe ba.

우림 我的车就停在停车场。我送您到宿舍吧。

_____

Zhen buhaoyisi! Gei nin tian le zheme duo mafan.

현철 真不好意思! 给您添了这么多麻烦。

_____

복습하기 ●●

(어법 압축 파일) 본문의 어법 내용을 간단히 정리해 보세요.

1   동사+在/到+명사

'在'와 '到'는 _____(이)나 _____을/를 나타내는 명사구를 수반하여 동사의 뒤에 올 수 있다.

   ① 나는 서울에 산다.　　　　　　　　　　→ 我住_____首尔。

   ② 그는 베이징에서 내년 2월까지 머문다.　→ 他在北京待_____明年二月。

2   겸어동사

「주어+동사 1+명사+동사 2」의 형식을 갖춘 겸어문에서 동사 1을 겸어동사라고 부른다. 겸어동사 중에서 '让'은 _____라는 의미를 나타내고, '使'는 _____라는 의미를 나타낸다.

   ① 선생님은 그를 먼저 귀가하도록 하셨다.　→ 老师_____他先回家。

   ② 그 소식으로 인해 그는 매우 기뻐했다.　→ 那个消息_____他非常高兴。

3 一点儿也不……

부정문에서 '一点儿'은 술어의 (□앞 / □뒤)에 쓰인다. '一点儿也不'는 _____라는 의미로 강한 부정을 나타낸다.

① 날씨가 조금도 덥지 않다. → 天气_____。

② 이 옷은 조금도 예쁘지 않다. → 这件衣服_____。

(확인! 쪽지 시험) **가볍게 실력을 체크해 보세요.**

1 (단어) **빈칸을 알맞게 채워 넣어 보세요.**

한자	병음	뜻
	dāi	머무르다, 체류하다
辛苦		고생스럽다
		파견하다
晚点	wǎn diǎn	
行李		여행짐, 수화물
	tiān	보태다, 더하다
然后		
	tíngchēchǎng	주차장

2 (듣기) **녹음을 듣고 보기에서 알맞은 대답을 골라 보세요.** W-09-03

ⓐ 你这是哪儿的话！   ⓑ 她要待到下星期五。

ⓒ 我打算先让他住在我家。   ⓓ 真不好意思！

---

(1) _____   (2) _____

(3) _____   (4) _____

3 어법

(1) **다음은 틀린 문장입니다. 바르게 고쳐 보세요.**

① 我开车得去接他。　　　　　　→ _____

② 她要到什么时候待?　　　　　　→ _____

③ 使您久等了，真不好意思。　　→ _____

④ 我送您宿舍吧。　　　　　　　→ _____

(2) **빈칸에 '到'나 '在'를 넣어서 문장을 완성해 보세요.**

① 明天的约会能改_____后天吗?　② 你为他找_____住处啦?

③ 我的车就停_____停车场。　　④ 他每天睡_____七点。

4 독해 중국어 문장을 해석해 보세요.

(1) 明天总公司派人来北京。我们都得去火车站接他。

→ _____

(2) 我的书放在教室里。你去帮我拿一下，好不好?

→ _____

5 작문

(1) **주어진 단어를 사전에서 찾아 병음과 뜻을 적어 보세요.**

한자	병음	뜻
到底		
会议		
政府		
进修		

(2) **(1)의 단어를 이용하여 주어진 문장을 중국어로 옮겨 보세요.**

① 너는 도대체 언제까지 잠을 잘 작정이니?　→ _____

② 내일의 회의를 모레로 바꿀 수 있습니까?　→ _____

③ 정부는 우리를 중국으로 연수하도록 파견한다.　→ _____

10 一美元兑换多少人民币?

1달러는 런민삐 얼마로 바꿀 수 있습니까?

예습하기

人民币 人民幣 rénmínbì 런민삐 [중국의 법정 화폐]	人 民 币							

饭店 飯店 fàndiàn 호텔	饭 店							

汇率 滙率 huìlǜ 환율	汇 率							

清楚 qīngchu 이해하다, 분명하다	清 楚							

查 chá 찾아보다, 조사하다	查							

兑换	兑	换						
duìhuàn 화폐로 교환하다								

护照 護照	护	照						
hùzhào 여권								

办理 辦理	办	理						
bànlǐ 처리하다								

开户 開户	开	户						
kāi hù 계좌를 개설하다								

申请 申請	申	请						
shēnqǐng 신청(하다)								

微信支付	微	信	支	付				
Wēixìn Zhīfù 위챗페이								

본문 받아쓰기) 녹음을 반복해서 들으며 성조를 표기해 보고, 문장을 따라 써 보세요.

1 ••• 🎧 W-10-01

Wo dai de renminbi jiuyao huaguang le.

나현 我带的人民币就要花光了。

_____

Zai nar neng huan qian ne?

在哪儿能换钱呢?

_____

Ni zhu de fandian pangbian jiu you yi jia yinhang,

자오량 你住的饭店旁边就有一家银行,

_____

qu nar huan ba.

去那儿换吧。 _____

Zuijin de huilü shi duoshao?

나현 最近的汇率是多少?

_____

Wo ye bu tai qingchu, wo zai shouji shang bang ni chacha.

자오량 我也不太清楚,我在手机上帮你查查。

_____

Nin hao! Wo xiang huan qian.

나현 您好！我想换钱。

Jintian yi meiyuan duihuan duoshao renminbi?

今天一美元兑换多少人民币？

Liu kuai jiu. Qing xian tian yixia zhe zhang biaor.

은행 직원 六块九。请先填一下这张表儿。

Tianhao le, nin kan yixia.

나현 填好了，您看一下。

Hao de, qing chushi yixia nin de huzhao.

은행 직원 好的，请出示一下您的护照。

Zaogao! Wo de huzhao wang zai fandian le.

나현 糟糕！我的护照忘在饭店了。

Wo mashang hui fangjian qu na.

我马上回房间去拿。

Na deng nin nalai, wo zai bang nin banli.

은행 직원 那等您拿来，我再帮您办理。

Ni mei ci dou yong xianjin mai dongxi,

우림 你每次都用现金买东西，

you bu fangbian you bu anquan, qu yinhang kai ge hu ba.

又不方便又不安全，去银行开个户吧。

Hao de, mingtian wo jiu qu.

현철 好的，明天我就去。

Yiding yao dai huzhao.

우림 一定要带护照。

Zhidao le. Wo ye neng shenqing Weixin Zhifu ma?

현철 知道了。我也能申请微信支付吗？

Dangran. Zhiyao you yinhangka jiu xing.

우림 当然。只要有银行卡就行。

Tai hao le! You le Weixin Zhifu,

현철 太好了! 有了微信支付，

zuo shenme dou hui geng fangbian de.

做什么都会更方便的。

Ni lai Zhongguo bu jiu, ruguo you shenme bu zhidao de,

우림 你来中国不久，如果有什么不知道的，

jiu guolai wen wo ba.

就过来问我吧。 _____

복습하기

어법 압축 파일) 본문의 어법 내용을 간단히 정리해 보세요.

1 단순방향보어

동사의 뒤에 붙어서 이동의 _____을 나타내는 보어를 방향보어라고 한다. 방향보어
로 쓰이는 동사로는 _____, _____를 비롯해 '上', '下', '进', '出', '回', '过', '起',
'开'가 있다.

    ① 그럼 당신이 가져오면 제가 처리를 도와드릴게요.

        → 那等您拿_____，我再帮您办理。

    ② 그는 내일 돌아갑니다.

        → 他明天回_____。

2 又……又……

_____라는 의미로, 두 개의 술어를 병렬하여 두 가지 상태가
_____에 존재함을 나타낸다.

    ① 이 소파는 크고도 무겁다.   → 这个沙发_____。

    ② 이 요리는 맛도 좋고 값도 싸다.   → 这道菜_____。

3 只要……就……

'~하기만 하면, ~하게 된다'라는 뜻으로 (□어떤 최소한의 조건만 충족되면 / □모든 조건
이 충족되어야만) 결과를 얻을 수 있음을 나타낸다.

    ① 날씨만 좋으면, 그들은 출발한다.   → 只要_____，他们就_____。

    ② 여권만 있으면, 환전할 수 있다.   → 只要_____，就可以_____。

가볍게 실력을 체크해 보세요.

1 단어 빈칸을 알맞게 채워 넣어 보세요.

한자	병음	뜻
	duìhuàn	화폐로 교환하다
汇率		환율
填	tián	
	chūshì	제시하다, 내보이다
	zāogāo	
开户		계좌를 개설하다
	hùzhào	여권
办理	bànlǐ	

2 듣기 녹음을 듣고 보기에서 알맞은 대답을 골라 보세요. W-10-03

ⓐ 六块九。
ⓑ 那等您拿来，我再帮您办理。
ⓒ 你住的饭店旁边就有一家银行，去那儿换吧。
ⓓ 糟糕！我的护照忘在饭店了。

(1) _____   (2) _____

(3) _____   (4) _____

3 어법

(1) **다음은 어순이 잘못된 문장입니다. 바르게 고쳐 보세요.**

① 我帮你查查在手机上。 → _____

② 我马上回去房间拿。 → _____

③ 有了微信支付，做什么都更会方便的。 → _____

④ 如果有什么不知道的，就来过问我吧。 → _____

(2) 빈칸에 들어갈 알맞은 양사를 보기에서 골라 넣어 보세요.

> 家　个　下　次　张

① 请填一下这＿＿＿＿＿表儿。

② 去银行开＿＿＿＿＿户吧。

③ 请出示一＿＿＿＿＿您的护照。

④ 你住的饭店旁边就有一＿＿＿＿＿银行。

4 독해 **중국어 문장을 해석해 보세요.**

(1) 听说这儿的菜又好吃又便宜，我们就在这儿吃吧。

→ ＿＿＿＿＿＿＿＿＿＿＿＿＿＿＿＿＿＿＿＿＿＿

(2) 外国人能在银行开户，可是一定要带护照。

→ ＿＿＿＿＿＿＿＿＿＿＿＿＿＿＿＿＿＿＿＿＿＿

5 작문

(1) 주어진 단어를 사전에서 찾아 병음과 뜻을 적어 보세요.

한자	병음	뜻
认真		
考上		
零用钱		
联系		

(2) (1)의 단어를 이용하여 주어진 문장을 중국어로 옮겨 보세요.

① 열심히만 공부하면, 너는 대학에 합격할 수 있다.

→ ＿＿＿＿＿＿＿＿＿＿＿＿＿＿＿＿＿＿＿＿

② 이번 달 용돈은 다 써간다.

→ ＿＿＿＿＿＿＿＿＿＿＿＿＿＿＿＿＿＿＿＿

③ 만일 무슨 문제가 있으면, 나에게 연락해라.

→ ＿＿＿＿＿＿＿＿＿＿＿＿＿＿＿＿＿＿＿＿

11 有没有一室一厅的?

방 한 개, 거실 하나짜리 있습니까?

 예습하기

| 公寓 gōngyù 아파트 | 公 寓 | | | | | | | | | |

| 厅 廳 tīng 큰방, 홀 | 厅 | | | | | | | | | |

| 盖 蓋 gài 집을 짓다 | 盖 | | | | | | | | | |

| 间 間 jiān 칸[방을 세는 양사] | 间 | | | | | | | | | |

| 小区 小區 xiǎoqū 거주·휴식 시설이 모여 있는 일정 구역 | 小 区 | | | | | | | | | |

窗户	窗 户						
chuānghu 창문							

显眼 顯眼	显 眼						
xiǎnyǎn 눈에 띄다, 두드러지다							

环境 環境	环 境						
huánjìng 환경, 주위 상황							

绿 綠	绿						
lǜ 푸르다							

树 樹	树						
shù 나무							

干净 乾淨	干 净						
gānjìng 깨끗하다, 깔끔하다							

W-11-01

1

Wo xiang zu yi tao fangzi,

현철 　我想租一套房子，_____

you meiyou li Beijing Daxue jin yidianr de?

有没有离北京大学近一点儿的？

_____

Ganghao Xinhua Gongyu banzou yi jia, liang shi yi ting.

남자 　刚好新华公寓搬走一家，两室一厅。

_____

Nar yi ge yue de fangzu shi duoshao?

우림 　那儿一个月的房租是多少？

_____

Yi ge yue ba qian.

남자 　一个月八千。_____

You meiyou yi shi yi ting de?

현철 　有没有一室一厅的？_____

Zhongguo Yinhang fujin xin gai le yi zuo gongyu,

남자 　中国银行附近新盖了一座公寓，

_____

xianzai you ji jian kongfang.

现在有几间空房。_____

74

Nar yi ge yue duoshao qian?

우림 那儿一个月多少钱？

yi ge yue liu qian kuai. Yao xian fu yi ge yue de yajin.

남자 一个月六千块。要先付一个月的押金。

Women xianzai keyi qu kan fang ma?

현철 我们现在可以去看房吗？

Dangran keyi.

남자 当然可以。

Naxian zenme hai mei lai? Shi bu shi mi lu le?

우림 娜贤怎么还没来？是不是迷路了？

Bu hui ba. Women xiaoqu de lou gaogao de,

현철 不会吧。我们小区的楼高高的，

chuanghu dada de, ting xianyan de.

窗户大大的，挺显眼的。

Ni kan, nabian lai le hen duo ren, limian you meiyou Naxian?

우림 你看，那边来了很多人，里面有没有娜贤？

Naxian! Women zai zher.

현철 娜贤！我们在这儿。 _____

Duibuqi, wo zuocuo che le.

나현 对不起，我坐错车了。 _____

Wa! Zhe xiaoqu zhen da ya, yigong zhu zhe duoshao hu?

哇！这小区真大呀，一共住着多少户？

_____

Zhu zhe yi qian duo hu.

현철 住着一千多户。 _____

Zhe xiaoqu de huanjing zhen bucuo,

나현 这小区的环境真不错， _____

honghong de hua、lülü de shu、daolu ye gangan jingjing de.

红红的花、绿绿的树、道路也干干净净的。

_____

Women jinqu ba.

현철 我们进去吧。 _____

복습하기

어법 압축 파일 ） 본문의 어법 내용을 간단히 정리해 보세요.

1 형용사 중첩

1음절 형용사 A는 AA 형식으로, 2음절 형용사 AB는 AABB 형식으로 중첩한다. 형용사를 중첩하면 _____적 의미가 강화된다.

① 이 아이는 키가 커다랗다. → 这个孩子个子_____的。

② 방은 깨끗하게 청소되어 있다. → 房间打扫得_____的。

2 존현문

존현문은 「장소+동사+사람·사물」의 형식으로 쓰이는데, 일정한 장소에 어떤 사람이나 사물이 _____하거나, _____혹은 _____을 나타낸다.

① 의자 위에 한 아이가 앉아 있다. → 椅子上_____。

② 앞쪽에 많은 사람이 왔다. → 前边_____。

확인! 쪽지 시험 가볍게 실력을 체크해 보세요.

1 단어 빈칸을 알맞게 채워 넣어 보세요.

한자	병음	뜻
房租	fángzū	
	gōngyù	아파트
押金		
	gài	집을 짓다
迷路	mí lù	
		눈에 띄다, 두드러지다
环境		환경, 주위 상황
道路	dàolù	

2 듣기 녹음을 듣고 보기에서 알맞은 대답을 골라 보세요. 🎧 W-11-03

ⓐ 住着二十多户。　　　ⓑ 当然可以。我陪你去。
ⓒ 她可能迷路了吧。　　ⓓ 一个月六千。

(1) _____　　(2) _____

(3) _____　　(4) _____

3 어법

(1) 알맞은 단어를 선택하여 올바른 문장을 만들어 보세요.

① 我想租一(□套/□楼)房子。   ② 有没有一室一厅(□地/□的)?

③ 那边来(□着/□了)很多人。   ④ 对不起，我坐(□错/□上)车了。

(2) 주어진 단어를 알맞게 배열하여 문장을 완성해 보세요.

① 付，一个月，先，的，押金   → 你要＿＿＿＿＿＿＿＿＿＿＿＿。

② 一座，新盖了，公寓   → 我家附近＿＿＿＿＿＿＿＿＿。

③ 我家，不少，来了，客人   → 昨天＿＿＿＿＿＿＿＿＿＿＿。

④ 北京大学，近，一点儿，离，的   → 有没有＿＿＿＿＿＿＿＿＿？

4 독해 중국어 문장을 해석해 보세요.

(1) 我想租一套房子。听说北京大学附近新盖了一座公寓。现在可能有很多空房。

→ ＿＿＿＿＿＿＿＿＿＿＿＿＿＿＿＿＿＿＿＿＿＿＿＿＿＿＿＿

(2) 妈妈买来的苹果，红红的、大大的，非常好吃。

→ ＿＿＿＿＿＿＿＿＿＿＿＿＿＿＿＿＿＿＿＿＿＿＿＿＿＿＿＿

5 작문

(1) 주어진 단어를 사전에서 찾아 병음과 뜻을 적어 보세요.

한자	병음	뜻
书桌		
台灯		
陌生人		

(2) (1)의 단어를 이용하여 주어진 문장을 중국어로 옮겨 보세요.

① 책상 위에 스탠드가 하나 놓여 있다.   → ＿＿＿＿＿＿＿＿＿＿

② 앞에 한 낯선 사람이 걸어왔다.   → ＿＿＿＿＿＿＿＿＿＿

③ 최근 우리 아파트에서 한 집이 이사를 나갔다.

→ ＿＿＿＿＿＿＿＿＿＿＿＿＿＿＿＿＿＿＿＿＿＿＿＿

12 请您把房卡和早餐券拿好。

객실 카드와 조식권을 가져가십시오.

 예습하기

预订 预訂	预 订				
yùdìng 예약하다					

标准间 標準間	标 准 间				
biāozhǔnjiān 일반실, 스탠다드룸					

安排	安 排				
ānpái 안배하다, 배정하다					

楼层 樓層	楼 层				
lóucéng (건물의) 2층 이상의 각층					

复印 複印	复 印				
fùyìn 복사하다					

信用卡
xìnyòngkǎ 신용 카드

信用卡

手续 手續
shǒuxù 수속, 절차

手续

房卡
fángkǎ 객실 카드

房卡

欣赏 欣賞
xīnshǎng 감상하다

欣赏

照相机 照相機
zhàoxiàngjī
사진기, 카메라

照相机

糊涂 糊塗
hútu
어리석다, 멍청하다

糊涂

연습하기

본문 받아쓰기 녹음을 반복해서 들으며 성조를 표기해 보고, 문장을 따라 써 보세요.

1 ⋯⋯⋯⋯⋯⋯⋯⋯⋯⋯⋯⋯⋯⋯⋯⋯⋯⋯⋯⋯⋯⋯⋯⋯ 🎧 W-12-01

Nin hao!

종업원 1 您好！ _____

Wo zai wang shang yuding le fangjian.

나현 我在网上预订了房间。 _____

Qing chushi nin de huzhao.

종업원 1 请出示您的护照。 _____

Nin yao liang ge biaozhunjian, zhu liang tian, dui ma?

您要两个标准间，住两天，对吗？

_____

Dui. Keyi gei wo anpai gao yidianr de louceng ma?

나현 对。可以给我安排高一点儿的楼层吗？

_____

Hao de. Wo ba nin de huzhao fuyin yixia,

종업원 1 好的。我把您的护照复印一下，

_____

haiyou nin yao xian jiao yajin.

还有您要先交押金。 _____

Yong xinyongka, keyi ma?

나현 用信用卡，可以吗？ _____

종업원 1

Keyi. Shouxu dou hao le.

可以。手续都好了。

Qing nin ba fangka he zaocanquan nahao.

请您把房卡和早餐券拿好。

· · · · · · · ·

나현

Duibuqi, women de xingli tai duo le.

对不起，我们的行李太多了。

Ni neng bu neng ba xingli songdao women de fangjian?

你能不能把行李送到我们的房间？

종업원 2

Mei wenti. Wo mashang ba xingli song shangqu.

没问题。我马上把行李送上去。

2 ·· W-12-02

우림

Xianzhe, women qu Huangpujiang xinshang yejing, zenmeyang?

贤哲，我们去黄浦江欣赏夜景，怎么样？

현철

Hao a, Naxian yijing xia lou le.

好啊，娜贤已经下楼了。

Women ye gankuai genzhe xiaqu ba!

我们也赶快跟着下去吧!

우림 Ni xian xiaqu ba, wo ba xingli zhenglihao jiu qu.

你先下去吧,我把行李整理好就去。

(在黄浦江)

현철 Wa, zher de yejing zhen mei. Women yiqi zhao zhang xiang ba!

哇,这儿的夜景真美。我们一起照张相吧!

우림 Wo jiji mangmang de pao chulai,

我急急忙忙地跑出来,

ba zhaoxiangji wang zai fangjian li le.

把照相机忘在房间里了。

나현 Mei guanxi. Ni gankuai pao huiqu na ba!

没关系。你赶快跑回去拿吧!

현철 Zhaoxiangji? Bu shi zai ni bozi shang gua zhe ne ma?

照相机?不是在你脖子上挂着呢吗?

우림 Aiya! Ni kan wo duo hutu!

哎呀!你看我多糊涂!

어법 압축 파일 본문의 어법 내용을 간단히 정리해 보세요.

1 복합방향보어

동사의 뒤에 방향을 나타내는 동사가 _____ 연속으로 오는 경우, 이를 '복합방향보어'라고 한다. 동사의 바로 뒤에는 '上', '下', '进', '出', '回', '过', '起', '开'가 오고, 그 뒤에 따라오는 방향보어로는 _____, _____가 있다.

① 나는 방금 의자를 안으로 옮겼습니다. → 我刚把椅子_____。

② 당신은 빨리 가지러 뛰어 올라가세요! → 你赶快_____拿吧!

2 把자문

「주어+把 명사구+동사+부가 성분」의 형식을 갖춘 문장을 '把자문'이라고 한다. '把' 뒤에 오는 명사구는 동사의 동작 대상이다. 동사 뒤의 부가 성분에는 대부분 _____가 온다.

① 나는 방을 깨끗이 청소했습니다. → 我_____打扫干净了。

② 그들은 침대를 옮겨 들여왔습니다. → 他们_____搬进来了。

확인! 쪽지 시험 가볍게 실력을 체크해 보세요.

1 단어 빈칸을 알맞게 채워 넣어 보세요.

한자	병음	뜻
	yùdìng	예약하다
复印		복사하다
手续	shǒuxù	
	xīnshǎng	감상하다
夜景		
	jímáng	
脖子		목
		어리석다, 멍청하다

2 듣기 녹음을 듣고 보기에서 알맞은 대답을 골라 보세요. 🎧 W-12-03

> ⓐ 您要一个标准房，住三天，对吧？　ⓑ 我帮你去拿。你在这儿等一会儿。
> ⓒ 你先去吧。我把房间整理好就去。　ⓓ 没问题。我马上把它送上去。

(1) _____　　(2) _____

(3) _____　　(4) _____

3 어법

(1) 빈칸에 들어갈 알맞은 단어를 보기에서 골라 보세요.

> 是　　给　　把　　多

① 请_____这张表儿填一下。

② 把您的护照_____我复印一下。

③ 不_____在你脖子上挂着吗？

④ 你看我_____糊涂！

(2) 다음은 어순이 잘못된 문장입니다. 바르게 고쳐 보세요.

① 先你下去吧。　　　　　→ _____

② 他跑回去宿舍了。　　　→ _____

③ 我把作业还没做完呢。　→ _____

④ 我把照相机不想借给他。→ _____

4 독해 중국어 문장을 해석해 보세요.

(1) 下星期我们打算去西安住三天。昨天我在网上预订了两个标准间。

→ _____

(2) 他们一会儿去黄浦江欣赏夜景。我们也赶快准备一下跟他们一起去吧！

→ _____

5 작문

(1) 주어진 단어를 사전에서 찾아 병음과 뜻을 적어 보세요.

한자	병음	뜻
修理		
开会		
机票		

(2) (1)의 단어를 이용하여 주어진 문장을 중국어로 옮겨 보세요.

① 그들은 이미 내 차를 수리했다.

→ _____

② 너는 회의하러 가야 한다고 하지 않았니?

→ _____

③ 당신의 비행기표를 보여 주세요.

→ _____

13 这次旅行我忘不了。

이번 여행을 저는 잊을 수 없습니다.

예습하기

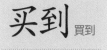

买到 買到

mǎidào
사들이다, 사서 손에 넣다

買 到

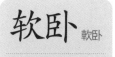

软卧 軟卧

ruǎnwò
(열차의) 푹신한 침대

软 卧

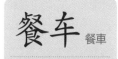

餐车 餐車

cānchē 식당차

餐 车

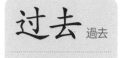

过去 過去

guòqu
건너가다, 다가가다

过 去

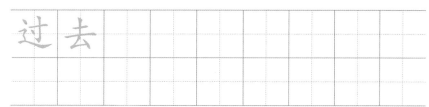

装 裝

zhuāng
(물품을) 담다, 채워 넣다

装

零钱 零錢
língqián 잔돈

零 钱

特意
tèyì 특별히, 일부러

特 意

细心 細心
xìxīn
세심하다, 주의 깊다

细 心

肯定
kěndìng
틀림없이, 반드시

肯 定

饿 餓
è 배고프다

饿

馋猫 饞猫
chánmāo 먹보

馋 猫

본문 받아쓰기 녹음을 반복해서 들으며 성조를 표기해 보고, 문장을 따라 써 보세요.

1 ··· W-13-01

Huoche jiuyao kai le, women shang che ba.

우림 火车就要开了，我们上车吧。

Wo xianzai qu mai dianr chi de, hai laideji ma?

나현 我现在去买点儿吃的，还来得及吗？

Mei shijian le, laibuji le!

자오량 没时间了，来不及了！

Zai huoche shang ye maidedao. Women xian shang che ba!

우림 在火车上也买得到。我们先上车吧!

·   ·   ·   ·   ·   ·   ·   ·

Qingwen, ruanwo chexiang zai nar?

나현 请问, 软卧车厢在哪儿？

Canche qianbian jiu shi ruanwo chexiang.

승무원 餐车前边就是软卧车厢。

Women cong zher shang che, guodequ ma?

우림   我们从这儿上车，过得去吗？

Guodequ.

승무원   过得去。

Kuai kai che le, nin jiu cong zher shangche zou guoqu ba.

快开车了，您就从这儿上车走过去吧。

Zhe ge xiao bao hen piaoliang, ni shi zai nar mai de?

우림   这个小包很漂亮，你是在哪儿买的？

Shi zai Yuyuan mai de.

나현   是在豫园买的。

Zheme xiao, neng zhuangdexia dongxi ma?

자오량   这么小，能装得下东西吗？

Zhe shi zhuang lingqian de.

나현   这是装零钱的。

Wo ma lingqian duo, wo shi teyi wei ta mai de.

我妈零钱多，我是特意为她买的。

우림 Ni zhen xixin. Zhe liwu, ta kending hui xihuan.

你真细心。这礼物，她肯定会喜欢。

자오량 Yulin! Ni juede zhe ci lüxing zenmeyang?

雨林！你觉得这次旅行怎么样？

우림 You nimen zhexie hao pengyou pei wo,

有你们这些好朋友陪我，

zhe ci lüxing wo wangbuliao.

这次旅行我忘不了。

나현 Esi le, women qu mai dianr chi de ba!

饿死了，我们去买点儿吃的吧！

자오량 Dui a, geng wangbuliao ni zhe ge xiao chanmao! Ha ha ha!

对啊，更忘不了你这个小馋猫！哈哈哈！

어법 압축 파일 본문의 어법 내용을 간단히 정리해 보세요.

1 가능보어

동사 뒤에 쓰여 _____ 여부를 나타내는 보어를 가능보어라고 한다. 긍정형은 「동사+
_____+보어」의 형식을 사용하고, 부정형은 「동사+_____+보어」의 형식을 사용한다.

① 잘 들리지 않아요. 좀 더 큰 소리로 말해주세요.

→ 我听_____清楚。请大点儿声说!

② 음식이 너무 많아서 다 먹을 수 없어요.

→ 菜太多了，我吃_____了。

2 是……的

이미 발생한 사건에 대하여 _____, _____, _____ 등의 정보를 묻거나
알려줄 때 「是……的」 형식을 사용한다. '是'는 생략될 수 (□있다 / □없다).

① 당신은 언제 친구를 만났어요?　　　　→ 你_____朋友?

② 그들은 어떻게 왔어요?　　　　→ 他们怎么_____?

확인! 쪽지 시험 가볍게 실력을 체크해 보세요.

1 단어 빈칸을 알맞게 채워 넣어 보세요.

한자	병음	뜻
	láidejí	늦지 않다
餐车	cānchē	
车厢		(열차의) 객실이나 수화물칸
	zhèxiē	이들, 이것들
包	bāo	
		잔돈
特意		특별히, 일부러
馋猫	chánmāo	

2 듣기 녹음을 듣고 보기에서 알맞은 대답을 골라 보세요. ⌒W-13-03

> ⓐ 不知道。是我妈给我买的。　　ⓑ 不行。从那边进去吧。
>
> ⓒ 很不错！我忘不了。　　　　　　ⓓ 我们赶快上车吧！

(1) _____　　(2) _____

(3) _____　　(4) _____

3 어법

(1) **빈칸에 들어갈 알맞은 단어에 ○표해 보세요.**

　　① 他是什么时候离开_____北京?　　　(的 / 了 / 着)

　　② 门还没开，我们进_____去。　　　　(得 / 不 / 了)

　　③ 我们去买点儿吃_____吧!　　　　　(了 / 个 / 的)

　　④ 我们得_____这儿出去。　　　　　　(跟 / 从 / 对)

(2) **다음은 틀린 문장입니다. 바르게 고쳐 보세요.**

　　① 火车三点快要开了。　　　→ _____

　　② 沙发太重了，不搬动。　　→ _____

　　③ 是你什么时候来的?　　　　→ _____

　　④ 听得懂不听得懂?　　　　　→ _____

4 독해 중국어 문장을 해석해 보세요.

(1) 火车快开了。来不及去饭馆吃了。我们买点儿吃的吧!

　→ _____

(2) 你点了这么多菜。就我们两个人能吃得了吗?

　→ _____

5 작문

(1) 주어진 단어를 사전에서 찾아 병음과 뜻을 적어 보세요.

한자	병음	뜻
包裹		
寄		
小说		
看出来		

(2) (1)의 단어를 이용하여 주어진 문장을 중국어로 옮겨 보세요.

① 이 소포는 누가 부쳐온 것입니까?

→ _____

② 이 소설은 지금 서점에서는 살 수 없다.

→ _____

③ 나는 그가 외국인임을 알아볼 수 없다.

→ _____

14

祝你一路平安。
가시는 길에 평안하시길 바랍니다.

扭伤 扭傷
niǔshāng
(발목 따위를) 삐다

扭	伤						

回国 回國
huí guó 귀국하다

回	国						

友谊 友誼
yǒuyì 우의, 우정

友	谊						

办 辦
bàn (일 따위를) 하다,
처리하다

办							

纪念 紀念
jìniàn 기념(하다)

纪	念						

朝							
cháo ~을 향하여

朝

终于 终于							
zhōngyú
마침내, 결국, 끝내

终 于

保重							
bǎozhòng
건강에 주의하다

保 重

联系 聯係							
liánxì 연락(하다)

联 系

愉快							
yúkuài
기분이 좋다, 유쾌하다

愉 快

顺风 順風							
shùnfēng
운수가 좋다, 순풍

顺 风

본문 받아쓰기 녹음을 반복해서 들으며 성조를 표기해 보고, 문장을 따라 써 보세요.

1 .... 🎧 W-14-01

나현
Duibuqi, wo laiwan le.
对不起，我来晚了。

현철
Jintian shi wei Yulin song xing de rizi, ni zenme laiwan le?
今天是为雨林送行的日子，你怎么来晚了？

나현
Wo de diandong zixingche bei pengyou jiezou le, wo shi zoulai de.
我的电动自行车被朋友借走了，我是走来的。

자오량
Ni de diandong zixingche shang ge xingqi jiu jiao pengyou jiezou le,
你的电动自行车上个星期就叫朋友借走了，

hai mei huan ma?
还没还吗？

나현
Ta de jiao bei niushang le, wo rang ta manmanr huan.
她的脚被扭伤了，我让她慢慢儿还。

우림
Wo houtian jiuyao hui guo le, wo de zixingche song gei ni.
我后天就要回国了，我的自行车送给你。

Xiexie ni, women zhen shebude ni zou.

나현   谢谢你，我们真舍不得你走。

Hao le, dajia yiqi lai he bei jianxing jiu.

린하이   好了，大家一起来喝杯饯行酒。

Wei women de youyi gan bei!

为我们的友谊干杯！

Gan bei!

모두   干杯！

---

2 ·· 🎧 W-14-02

Deng ji shouxu dou banhao le ma?

현철   登机手续都办好了吗？

Shouxu shi banhao le, buguo xingli chao zhong,

우림   手续是办好了，不过行李超重，

---

duo jiao le yi bai kuai qian.

多交了一百块钱。

Ni mai le name duo liwu, bu chao zhong cai guai ne!

린하이   你买了那么多礼物，不超重才怪呢！

우림

Shijian bu duo le, women zhao zhang xiang, liu ge jinian ba.

时间不多了，我们照张相，留个纪念吧。

(dui pangbian de ren shuo) Mafan nin,

(对旁边的人说)麻烦您，

---

qing bang women zhao zhang xiang.

请帮我们照张相。

남자

Hao de. Dajia chao zher kan! yi、er、san, qiezi!

好的。大家朝这儿看! 一、二、三，茄子!

• • • • • • • •

자오량

Zhongyu yao shuo zaijian le.

终于要说再见了。

Ni yiding yao zhuyi shenti, duo baozhong!

你一定要注意身体，多保重!

린하이

Hui guo hou changchang lianxi. Zhu ni yi lu ping'an.

回国后常常联系。祝你一路平安。

Wo ye zhu nimen shenghuo yukuai!

우림 我也祝你们生活愉快！

_____

Yi lu shunfeng, zaijian!

현철, 나현 一路顺风，再见！ _____

Zaijian!

우림 再见！ _____

복습하기

(어법 압축 파일) 본문의 어법 내용을 간단히 정리해 보세요.

1 被자문

'被'자를 사용하여 피동의 의미를 나타내는 문장을 '被자문'이라고 한다. '被'자 뒤의 명사구는 동작의 (□주체 / □대상)를/을 나타낸다. 동사 뒤의 부가 성분으로는 _____가 많이 쓰인다.

① 그 책은 그가 빌려가 버렸다.   → 那本书_____借走了。

② 그는 선생님께 한 차례 꾸지람을 들었다.   → 他_____批评了一顿。

2 舍不得……

'~하기를 아쉬워하다', '~하기를 아까워하다'라는 뜻을 나타낸다. 일반적으로 뒤에 _____(이)나 _____이/가 온다.

① 나는 여러분들을 떠나기가 아쉽습니다.   → 我_____你们。

② 그는 새 옷을 사는 데 돈 쓰기를 아까워합니다. → 他_____买新衣服。

가볍게 실력을 체크해 보세요.

1 단어 빈칸을 알맞게 채워 넣어 보세요.

한자	병음	뜻
送行	sòng xíng	
		(발목 따위를) 삐다
	shěbude	
饯行		송별연을 베풀다
超重		
	píng'ān	평안하다, 무사하다
纪念		기념(하다)
一路顺风	yílù shùnfēng	

2 듣기 녹음을 듣고 보기에서 알맞은 대답을 골라 보세요. 🎧 W-14-03

> ⓐ 办好了。我要登机了。　　ⓑ 大家一起去喝杯饯行酒吧！
> ⓒ 我也祝你们身体健康！　　ⓓ 我的脚被扭伤了。

(1) _____　　(2) _____

(3) _____　　(4) _____

3 어법

(1) **빈칸에 들어갈 알맞은 단어에 ○표해 보세요.**

① 今天我要_____中国朋友送行。　　(向 / 为 / 跟)

② 朋友的脚_____扭伤了。　　(把 / 让 / 被)

③ 咱们照_____相，留个纪念吧。　　(张 / 条 / 本)

④ 你装了那么多东西，不超重_____怪呢！　　(就 / 才 / 再)

(2) **다음은 틀린 문장입니다. 바르게 고쳐 보세요.**

① 那本书被他没借走。　　　　　→ _____

② 明天我们送行张明。　　　　　　→ _____

③ 这封信被别人不会看见。　　　　→ _____

④ 我打算在这儿两天住。　　　　　→ _____

4 독해 **중국어 문장을 해석해 보세요.**

(1) 我那本书上个星期让朋友借走了，现在还没还。

→ _____

(2) 小王明天就要回国了。我们都舍不得他走。他回国后，我们会常常跟他联系的。

→ _____

5 작문

(1) **주어진 단어를 사전에서 찾아 병음과 뜻을 적어 보세요.**

한자	병음	뜻
小偷		
偷		
出境		

(2) **(1)의 단어를 이용하여 주어진 문장을 중국어로 옮겨 보세요.**

① 당신이 귀국한 후에도, 우리 자주 연락합시다.

→ _____

② 내 지갑은 도둑에게 도둑맞았다.

→ _____

③ 출국 수속은 이미 모두 끝냈다.

→ _____

다락원 홈페이지에서 MP3 파일
다운로드 및 실시간 재생 서비스

최신개정
다락원 중국어 마스터 STEP**2**
◦워크북◦

지은이 박정구, 백은희
펴낸이 정규도
펴낸곳 (주)다락원

기획·편집 김혜민, 이상윤
디자인 김교빈, 김나경, 박선영
일러스트 정민영, 최석현
사진 Shutterstock

다락원 경기도 파주시 문발로 211
전화 (02)736-2031 (내선 250~252 / 내선 430, 431)
팩스 (02)732-2037
출판등록 1977년 9월 16일 제406-2008-000007호

Copyright ⓒ 2021, 박정구·백은희

저자 및 출판사의 허락 없이 이 책의 일부 또는 전부를 무단 복제·전재·발췌할 수 없습니다. 구입 후 철회는 회사 내규에 부합하는 경우에 가능 하므로 구입처에 문의하시기 바랍니다. 분실·파손 등에 따른 소비자 피해에 대해서는 공정거래위원회에서 고시한 소비자 분쟁 해결 기준에 따라 보상 가능합니다. 잘못된 책은 바꿔 드립니다.

ISBN 978-89-277-2289-2 14720
     978-89-277-2287-8 (set)

www.darakwon.co.kr
다락원 홈페이지를 방문하시면 상세한 출판 정보와 함께 동영상 강좌, MP3 자료 등 다양한 어학 정보를 얻으실 수 있습니다.

최신 개정

다락원 중국어 마스터

• 워크북 •

STEP 2